WIE ALLES GUT WIRD ... wenn wir nicht mehr besser werden

Allgemeiner Hinweis:

Aus Gründen der besseren Lesbarkeit haben wir uns entschlossen, durchgängig die männliche (neutrale) Anredeform zu nutzen, die selbstverständlich die weibliche und diverse Formen mit einschließt.

Das vorliegende Buch wurde sorgfältig erarbeitet. Dennoch erfolgen alle Angaben ohne Gewähr. Weder der Autor noch der Verlag können für eventuelle Nachteile oder Schäden, die aus den im Buch vorgestellten Informationen resultieren, Haftung übernehmen.

Sollte diese Publikation Links auf Webseiten Dritter enthalten, so übernehmen wir für deren Inhalte keine Haftung, da wir uns diese nicht zu eigen machen, sondern lediglich auf deren Stand zum Zeitpunkt der Erstveröffentlichung verweisen.

AXEL RABENSTEIN

WIE ALLES GUT WIRD

… wenn wir nicht mehr besser werden

Eine Geschichte vom Älterwerden als Sportler

MEYER & MEYER VERLAG

»Um achtzehn zu bleiben, bis man stirbt, muss man eben mit achtzehn sterben.«

- Haruki Murakami -

Wie alles gut wird ... wenn wir nicht mehr besser werden
Bibliografische Information der Deutschen Bibliothek
Die Deutsche Bibliothek verzeichnet diese Publikation in der Deutschen Nationalbibliografie; detaillierte bibliografische Details sind im Internet über www.dnb.de abrufbar.

Auckland, Beirut, Dubai, Hägendorf, Hongkong, Indianapolis, Kairo, Kapstadt, Manila, Maidenhead, Neu-Delhi, Singapur, Sydney, Teheran, Wien

Member of the World Sport Publishers' Association (WSPA)

Druck: CPI - Clausen & Bosse, Leck
ISBN 978-3-8403-7894-2
E-Mail: verlag@m-m-sports.com
www.dersportverlag.de

INHALT

MIND YOUR AGE

1 LAND DER TAUSEND HÜGEL

Wir strengen uns an. Wir setzen uns Ziele, die wir verfolgen, wie ein Raubtier seine Beute. Wir haben Träume und rennen ihnen hinterher. Manche entwischen uns, andere erwischen wir, aber das Glück währt nur kurz, denn die Zufriedenheit ist flüchtig. Dann geht es weiter. Wir geben unser Bestes, wieder und immer wieder, auf der ewigen Hetzjagd nach mehr.

Warum ist es dort, wo wir sind, nicht gut genug?

***

Die Propellermaschine beschleunigt. Es drückt mich in den Sitz. Ein Moment der Leichtigkeit, dann erheben wir uns vibrierend in die Luft.

Häuser und Hütten werden kleiner und kleiner. Leuchtend grüne Vegetation und fruchtbare, rote Erde. Schon überfliegen wir die Ufer des Victoriasees, der sich graublau unter uns ausbreitet und bis zum Horizont reicht.

Flug Nummer WB 435 mit RwandAir, von Entebbe nach Kigali.

Da wir unterwegs die Zeitzone wechseln, ergibt sich die kleine Kuriosität, dass wir um 12:00 Uhr in Entebbe starten und nach 55 Minuten Flugzeit um 11:55 Uhr in Kigali ankommen.

Losgeflogen und fünf Minuten jünger gelandet. Das nehme ich gerne mit.

Es hätte Möglichkeiten für eine direktere Anreise gegeben, aber ich hatte diese hier gewählt, weil ich gerne unterwegs bin und noch ein wenig mehr von der Region sehen wollte.

Der Anlass für meine Reise war allerdings nicht das Unterwegssein, sondern die Teilnahme an einem Triathlon. Ich wollte für einige Tage nach Rwanda reisen, dort mein Bestes geben und wieder nach Hause fliegen.

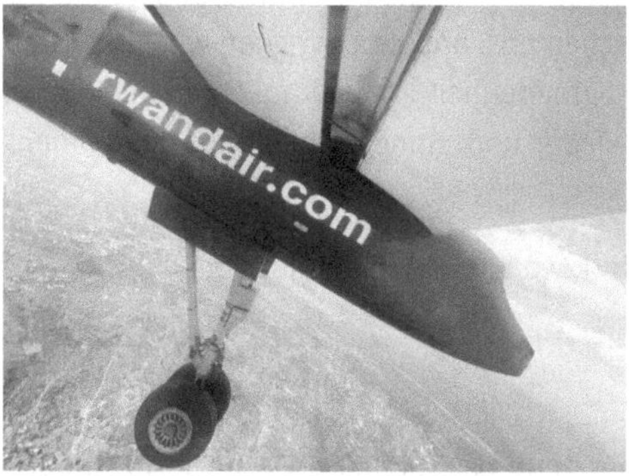

Was ich nicht ahnte: Mein Kurztrip nach Afrika sollte mich nicht nur in das Ziel eines Triathlons führen – sondern gleichzeitig an den Start einer längeren und viel größeren Reise bringen.

Eine Reise, die mich vieles hinterfragen ließ.

Fortan sollte es nicht mehr darum gehen, was ich mir abzuverlangen in der Lage bin. Sondern darum, was ich mir abverlangen möchte. Es sollte darum gehen, zu verstehen, was mich antreibt. Und welchen Weg ich für mich und meine Zukunft einschlagen wollte.

Als Sportler. Und als Mensch.

***

Der Ironman® 70.3 Rwanda findet in Gisenyi statt. Ich erreiche das Städtchen nach einer vierstündigen Anreise mit einem Sammeltaxi aus Kigali, in dem es unter den Mitreisenden ausgesprochen heiter zuging. Leider verstand ich kein Wort.

Gisenyi liegt am Kivusee, in der Provinz Rubavu, an der Grenze zur Demokratischen Republik Kongo. Das Klima ist mild, am frühen Abend hat es angenehme 20 Grad.

Auf der glatten Oberfläche des Sees spiegeln sich die Lichter der kongolesischen Millionenstadt Goma, deren Häuser einen guten Kilometer weiter am Ufer zu sehen sind.

Es ist ein Ort im Spannungsfeld der Natur.

In den tief hängenden Wolken ist die Silhouette des 3.470 Meter hohen Nyiragongo zu erahnen, der sich 20 Kilometer nördlich von Goma erhebt und als einer der bedrohlichsten Vulkane der Erde gilt. Im Jahr 2002 brach der Vulkan aus, die Lava floss mitten durch die Großstadt in den Kivusee. Eine halbe Million Menschen wurde evakuiert.

Ein erneuter Ausbruch im Mai 2021 führte zu einer Massenflucht, die das benachbarte Rwanda veranlasste, vorübergehend seine Grenzen für fliehende Menschen zu öffnen.

Hier am Ostafrikanischen Graben ist die Erde besonders aktiv. Im Tiefenwasser des Kivusees befindet sich eine aus dem Erdreich gespeiste, hohe Konzentration an Methangas, das aufgrund des Wasserdrucks in einer Tiefe von mehr als 250 Metern festgehalten wird, ohne von dort zu entweichen.

In den vergangenen Jahren wurde ein signifikanter Anstieg der Methangaskonzentration festgestellt. Sollte es so weitergehen, ist damit zu rechnen, dass der See gegen Ende des 21. Jahrhunderts infolge einer Gasexplosion komplett in die Luft fliegt.

Es ist ein Ort im Spannungsfeld des Menschen.

Von April bis Juli 1994 gehen Angehörige der Hutu-Mehrheit auf die Minderheit der Tutsi los. Es sind Hassgefühle, die über Hunderte von Jahren zwischen der Tutsi-Eilte und der Arbeiterklasse der Hutu entstanden, die von der Kolonialmacht Belgien gezielt angeheizt und instrumentalisiert wurden und sich schlussendlich entluden.

Hundert Tage dauerte der Völkermord. Er forderte 800.000 Todesopfer.

Rwanda hat inzwischen zur Ruhe gefunden. Seit dem Jahr 2000 wird das Land von Präsident Paul Kagame regiert. Sein Führungsstil wird international als »autokratisch« kritisiert, freie Wahlen und Pressefreiheit sind nicht garantiert, unliebsame Oppositionelle können schon mal spurlos verschwinden; aber Kagame hat Rwanda nach dem Genozid geeint und zu einem der sichersten Länder Afrikas gemacht.

Auf der anderen Seite der Grenze, drüben in Goma, ist es noch immer alles andere als sicher, hier tobt die Fehde zwischen Hutu und Tutsi weiter.

Mehr als 100 Gruppierungen und Milizen streiten sich in blutigen Auseinandersetzungen um Macht und Kontrolle und erhalten dabei, der UN zufolge, heimliche Unterstützung aus den Nachbarländern Uganda und Rwanda.

Warum? – Weil unter der rote Erde Nord-Kivus Bodenschätze im Wert von 20 Billionen US-Dollar liegen. Neben Gold und Diamanten sind auf kongolesischer Seite 80 Prozent des weltweit bekannten Vorkommens an Coltan zu finden. Das enthaltene Tantal benötigt der Mensch zur Herstellung von Elektrolytkondensatoren, als essenziellen Bestandteil von Laptops, Smartphones, Elektroautos und Spielekonsolen. Der Aufschwung Rwandas hat auch mit den Einkünften aus dem Coltanexport zu tun. In den vergangenen Jahren hat man sich zum größten Coltanexporteur der Welt gemausert. Obwohl man selbst über keine nennenswerten Vorkommen an Coltan verfügt.

Der Fortschritt bahnt sich seinen Weg. Im Land der tausend Hügel geht es bergauf. Und so hat die World Triathlon Corporation das kleine Rwanda im Jahr 2022 als erst viertes afrikanisches Land nach Südafrika, Ägypten und Marokko zum Austragungsort eines Rennens ihrer weltweiten Ironman®-Serie gemacht.

* * *

Am heutigen Tag liegt eine magische Ruhe über diesem Ort in Afrika. Kleine Wellen gleiten sanft auf den Sandstrand. Hier im Kivusee kann herrlich gebadet und geschwommen werden.

Nein, keine Krokodile.

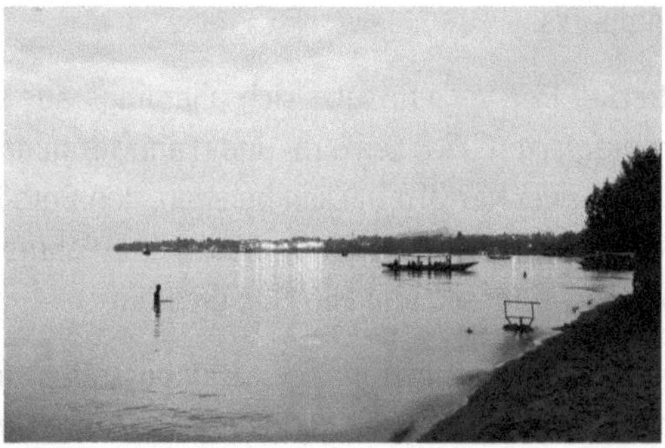

So einfach das Schwimmen in Gisenyi zu realisieren ist, so anspruchsvoll gerät die Aufgabe, eine geeignete Radstrecke festzulegen. Geplant war eine Runde in den *Volcanoe* Nationalpark.

»Wir hatten vor, den Kurs über die RN4 zu führen«, sagt der Renndirektor, ein Südafrikaner, nur wenige Tage vor dem Wettkampf. »Es kamen allerdings Bedenken auf, diese Straße für die Dauer des Wettkampfs zu sperren, die RN4 verbindet die Demokratische Republik Kongo mit Rwanda und Kigali.«

Zu unkalkulierbar erschienen die Auswirkungen, eine Millionenstadt wie Goma einen halben Tag oder länger von ihrer Pulsader abzuschneiden.

Zudem wäre es wohl ein unerwünschtes Sicherheitsrisiko für Polizei und Militär, sich über Stunden auf der wichtigsten Straße der Region nicht frei bewegen zu können (ohne dabei den einen oder anderen Triathleten aus dem Weg zu räumen) – während auf der anderen Seite der Grenze ein Konflikt vor sich hin brodelt, der so unberechenbar ist wie der Nyiragongo im Hintergrund.

Es habe den Vorschlag gegeben, die Straße einspurig zu nutzen und dies mit Hunderten von Polizisten abzusichern, die auf dem Mittelstreifen stehen. Das war aber kein guter Vorschlag.

Die RN4 führt von der Grenze zur Demokratischen Republik Kongo über einen Berg mit Steigungen von mehr als zehn Prozent in die grünen Hügel des Nationalparks.

Malerische Strecke. Der Verkehr setzt sich allerdings aus schnaufenden Lastwagen, couragierten Pkw-Lenkern und Fahrradfahrern zusammen, die schon mal, mit zwei Kartoffelsäcken beladen, den Berg hinabbrausen und – weil sie keine Bremse am Rad haben – ihre Fahrgeschwindigkeit mit am Vorderreifen aufgesetztem Flip-Flop drosseln.

Am Straßenrand Frauen mit meterlangen Bambusstäben auf dem Kopf, spielende Kinder, kauende Ziegen, staunende Senioren. Und dann stelle man sich eine Hundertschaft ambitionierter Triathleten vor, die auf einer freigeblockten Fahrspur den Sekunden hinterherjagt.

Am Ende ist man sich einig, die Radstrecke auf die Uferstraße des Kivusees zu verlegen: mit vier Runden über 90 Kilometer und kumulierten 1.200 Höhenmetern.

***

Ich habe mich nicht im weitläufigen Luxushotel *Serena* einquartiert, dem Dreh- und Angelpunkt der Veranstaltung, sondern etwas außerhalb in einer kleinen Pension mit einem gepflegten Garten, die ein US-Amerikaner betreibt, der sich hier niedergelassen hat.

In der Nacht vor dem Rennen wache ich auf. Regen trommelt auf das Dach, es schüttet unnachgiebig. Bis zum Morgen klart es auf, aber die Erde ist nass.

Es wird ein schwülwarmer Tag werden.

Am Morgen des 14. August steht ein bunt gemischtes Teilnehmerfeld aus 37 Nationen bereit: der beeindruckend austrainierte Italiener Filippo, der darauf abzielt, sich hier in Afrika einen von 45 Slots für die WM 2023 im finnischen Lahti zu sichern; der radbegeisterte Belgier Thibault, der im Jahr 2010 in Rwanda die Brauerei *Skol* gegründet hat und beim ersten Ironman® in seiner Wahlheimat selbstredend am Start ist; der deutsche Globetrotter Fritz, der seit 8.000 Kilometern von Kapstadt bis Kivu im Sattel sitzt und mit Tourenbike an den Start geht; der freundliche Ted aus Kenia, der eigenen Angaben zufolge den Halbmarathon in 1:14 Stunden läuft, beim Einschwimmen allerdings die Brille verkehrt herum auf den Kopf setzt; und auch lokale Athleten, denen man kurzfristig doch noch eine Gratisteilnahme ermöglicht hat, weil eine Startgebühr von knapp 300 US-Dollar in Rwanda dem Lohn von mehreren Monaten entspricht und für die Einheimischen nicht leistbar ist.

Laut Ergebnisliste gehen 155 Einzelstarter ins Rennen, von denen 107 das Ziel erreichen werden.

Der Ironman® 70.3 Rwanda 2022 startet per Sprung vom Steg in einen von der Regennacht aufgewühlten, trüben, mit 23 Grad Celsius jedoch angenehm temperierten Kivusee.

Zu schwimmen sind 1,9 Kilometer im Rechteck. Die Orientierung im grauen Wasser fällt mir schwer, ich schwimme ein ziemliches Zickzack, beinahe übersehe ich eine Wendeboje. Zudem glaube ich, schon jetzt eine gewisse Kurzatmigkeit zu spüren, was mit der Höhe zusammenhängen mag. Der Austragungsort Gisenyi liegt 180 Kilometer südlich des Äquators auf 1.481 Meter über dem Meer.

Nach 36:15 Minuten steige ich aus dem See, der eines Tages explodieren wird.

Da es mir für diese Reise zu aufwendig erschien, ein eigenes Rad mitzunehmen, habe ich mir vor Ort eines geliehen. Der stets entspannte Malik aus Kigali hat auf einem Grünstreifen am Parkplatz des Serena-Hotels einen temporären Bikeshop im Freien eröffnet.

Das Rennrad ist in Ordnung, hat aber ein paar Jahre und Kilometer auf dem Buckel.

Die ersten 55 Kilometer laufen gut. Die Strecke schmiegt sich über Kurven und Hügel in die Landschaft, der Blick schweift über den noch immer zementgrauen Kivusee.

In einem Dorf stehen hunderte Einheimische zwischen im Hang verteilten Hütten. Sie beobachten das ungewöhnliche Treiben auf der Straße, aufmerksam und doch irgendwie teilnahmslos, im besten Falle belustigt.

Wir sind hier mittendrin im ruralen Afrika. Triathleten passen selten ins Bild, aber hier noch etwas weniger. Während man bei Veranstaltungen an anderen Orten häufig von Passanten angefeuert wird und die Erfahrung macht, eine originelle Abwechslung darzustellen, überwiegt hier in Rwanda das Gefühl, als Fremdkörper durch die Dörfer zu rollen.

Wahrscheinlich käme hier auch nicht jeder auf die Idee, seine Kalorien absichtlich zu verbrennen. An der Verpflegungsstation auf der Radstrecke greife ich mir eine weiße Trinkflasche mit Wasser und eine blaue mit isotonischem Getränk.

Die Mischung ist kaum trinkbar, so viel Pulver wurde hineingerührt. Die Helfer haben es wohl gut gemeint. Nachdem ich die Flasche zur Hälfte ausschütte und mit Wasser aus der anderen Flasche auffülle, ist das Getränk noch immer pappsüß. Statt drei oder vier Löffel Getränkepulver müssen an die zwanzig in der Flasche gewesen sein.

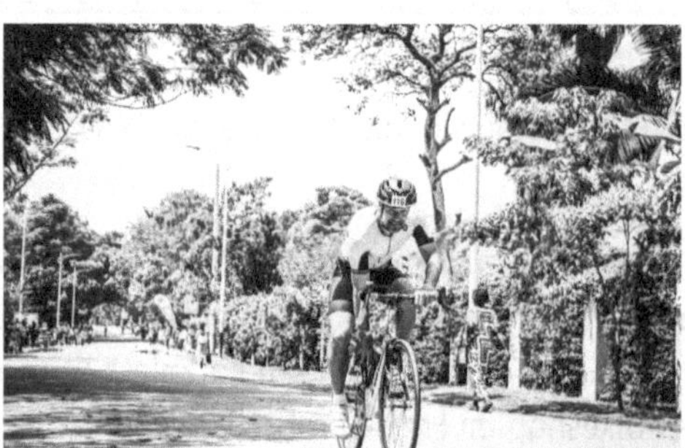

Am südlichen Wendepunkt geht es einen kurzen, knackigen Anstieg nach oben. Als ich hier in der dritten von vier Runden hinauftrete, habe ich, wie schon zuvor, Probleme, den kleinsten Gang einzulegen.

Diesmal springt die Kette raus, verhakt sich, und ich falle um. Ich liege in den Klickpedalen auf der Straße. Als ich es geschafft habe, wieder aufzusteigen, um den Rest des Bergs in Angriff zu nehmen, stelle ich fest, dass irgendetwas nicht mehr rund läuft.

Beim Umfallen habe ich meinem Hinterrad einen Achter verpasst. Es schleift bei jeder Umdrehung an der Bremse, so stark, dass auch ein Weiterstellen der Bremsbacken nicht hilft.

Die verbleibenden eineinhalb Runden mit knapp 35 Rennkilometern absolviere ich mit schleifender Felge. Es wird wärmer und wärmer. Mein Schnitt sinkt ins Bodenlose. Als ich nach 3:32 Stunden von meinem lädierten Bike steige, bin ich komplett erledigt.

Meine Beine krampfen, obwohl ich noch keinen Schritt gelaufen bin. Einen Moment lang überlege ich, auszusteigen, aber das habe ich noch nie getan. Ich trotte los wie ein getretener Hund.

Der abschließende Halbmarathon führt in Richtung *Grande Barrière*, dem Grenzübergang zur Demokratischen Republik Kongo, biegt dann von der Uferstraße ab und zieht sich 2,5 Kilometer bis zum Wendepunkt kontinuierlich bergauf. Dreimal ist dieser Anstieg zu bewältigen, über die 21 Kilometer summieren sich noch einmal gute 200 Höhenmeter.

Die Sonne steht inzwischen hoch. Die Luft ist dampfig. Immer wieder gehe ich, um dann wieder zu laufen und doch wieder zu gehen.

Es wird der längste Halbmarathon meines Lebens. Gefühlt. Und auch wirklich. Nach 2:17 Stunden und insgesamt 6:32 Stunden erreiche ich das Ziel. Platz fünf in meiner Altersklasse M45.

Von elf.

***

Die Finishermedaille, die ich im Ziel um den Hals gehängt bekomme, zeigt das Gesicht eines Gorillas. Ich mag die Medaille. Sie liegt schwer in der Hand, die Mimik des Gorillas ist entschlossen, so, wie ich mir das für mich in einem Wettkampf wünsche.

Unter den Menschenaffen sind die Berggorillas die größten. Sie leben hier im Nationalpark, in den üppig bewachsenen Hügeln der *Virunga*-Vulkane. Streng geschützt, es sind die Letzten ihrer Art.

Berggorillas sind Vegetarier und ernähren sich fast ausschließlich von Blättern. Sie leben in kleinen Gruppen zusammen, die von einem ausgewachsenen Männchen angeführt werden, das an seinem silbrig verfärbten Fell zu erkennen ist.

Verteidigt ein Silberrücken seine Gruppe gegen einen potenziellen Angreifer, erzeugt er in den Achselhöhlen einen besonders intensiven Duft. Damit macht er klar, dass er bereit ist, dafür zu kämpfen, dass man ihn und seine Sippe in Frieden lässt.

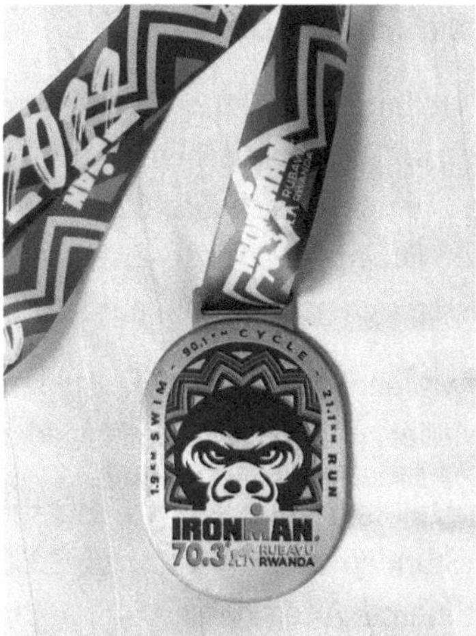

Weitere Drohgebärden sind ein starrer Blick, gefletschte Zähne sowie ein Trommeln auf die Brust. Je größer das Männchen, desto tiefer die Frequenz des Resonanzkörpers.

Rivalen können daran erkennen, wie groß ihr Gegenüber wirklich ist. Auseinandersetzungen werden so nach Möglichkeit vermieden. Und wenn es doch mal kracht, kann keiner behaupten, er hätte nicht gewusst, worauf er sich einlässt.

***

Die Rückreise trete ich mit dem Bus an. Es schien mir interessant, die rund 600 Kilometer bis Entebbe durch Uganda auf dem Landweg zurückzulegen.

In meiner Vorstellung sah ich mich zurückgelehnt am Fenster sitzen und auf das vorbeziehende Afrika blicken. Meine Vorstellungskraft ist für ihr blumiges Wesen bekannt. Sie ist überraschend schnell im Entwerfen schöner Bilder. Die Realität kann da nicht immer mithalten.

In diesem Fall hatte ich bei der Planung übersehen, dass der Bus nach Uganda ein Nachtbus ist.

Der Tag nach dem Triathlon. Ich spüre eine tiefe Müdigkeit. Lieber wäre ich noch einen Tag geblieben, hätte mich ausgeruht und wäre dann nach Kigali gefahren, um von dort nach Hause zu fliegen. Stattdessen finde ich mich am späten Nachmittag an der *Petite Barrière* ein, dem kleineren der beiden Grenzübergänge nach Goma, von dem die Busse in die ugandische Hauptstadt Kampala fahren.

Am Ticketschalter erwerbe ich den um zwei Euro teureren Platz ganz rechts vorne, von dem ich mir den größten Komfort erhoffe. Nach dem Einsteigen darf ich bis kurz vor Abfahrt sogar darauf spekulieren, beide Plätze rechts vorne für mich zu haben.

Ich richte mich ein und mache es mir gemütlich. Angenehm schläfrig, mit Musik auf den Ohrstöpseln und sogar Vorfreude auf die Fahrt.

Dann steigt aber doch noch die Realität zu: in diesem Fall in Person eines eindrucksvoll beleibten Mitreisenden, der sich schwungvoll neben mir in den Sitz fallen lässt und dabei ein gutes Drittel meines Platzes mitbesetzt.

Im Bus ist es stickig. Ich klemme zwischen Sitznachbar und Fenster. Und ich frage mich, warum ich früher so viel Spaß an solchen Situationen hatte.

Der Grenzübergang nach Uganda liegt in den Bergen auf knapp 2.000 Meter Höhe. Es ist kalt, und wir stehen im Nieselregen. Erst in der Schlange zur Ausreise aus Rwanda. Stempel. Dann in der Schlange zur Einreise nach Uganda. Stempel.

Wir sind noch nicht lange in Uganda unterwegs, als der Bus erneut hält. Diesmal ist es ein Checkpoint des Militärs, irgendwo auf einer kurvigen Straße zwischen Kisoro und Kabale.

Erneut steigen wir aus und stehen im Regen, während Soldaten den Bus durchsuchen.

Am Straßenrand knistert ein Lagerfeuer. Es wirft lange Schatten. Beleuchtet wird die Szene von den Scheinwerfern unseres Busses.

Aus der Dunkelheit sind Stimmen zu hören. »Mzungu«, murmeln sie immer wieder, »Mzungu, Mzungu«. In ihrer ständigen Wiederholung, zwischen den Rauchwolken des flackernden Feuers, klingt es wie ein unheilvoller Zauberspruch.

Es dauert, bis ich verstehe, dass ich angesprochen werde. Es sind Kinder, die sich eine kleine Aufmerksamkeit von mir erhoffen.

Wörtlich übersetzt, bedeutet »Mzungu« so viel wie »jemand, der ziellos umherwandert« oder einfach »Wanderer«. Im 18. Jahrhundert bezeichnete der Begriff europäische Entdecker, die in der Region der Großen Afrikanischen Seen unterwegs waren. Heute wird der Ausdruck verwendet, um diejenigen zu beschreiben, die augenscheinlich nicht von hier sind.

Im Feuer werden Maiskolben geröstet, das Stück für 1.000 ugandische Schillinge, etwa ein Vierteldollar. Einfach, aber warm und lecker.

Nach zehn Minuten dürfen wir wieder einsteigen, und der Bus setzt seine Fahrt nach Kampala fort, wo wir morgens um fünf ankommen und an einem Parkplatz der Busgesellschaft aussteigen.

Es ist stockdunkel und viel früher, als ich dachte; zu früh, um durch Kampala zu schlendern, so, wie ich mir das vorgestellt hatte.

Ich nehme mir ein Taxi nach Entebbe. Es kostet mehr als die komplette Busfahrt aus Rwanda, aber um diese Zeit bin ich dort besser aufgehoben.

Bis wir angekommen sind, ist die Sonne aufgegangen. Die Zeit bis zum Abflug verbringe ich am *Aero Beach*, am Ufer des Victoriasees, wo ein paar ausrangierte Flugzeuge zu einer Art Freilichtmuseum arrangiert wurden.

Ich wollte immer den Victoriasee sehen. Warum, kann ich gar nicht genau sagen. Als Kind hatte ich eine Weltkarte im Zimmer, die ich vor dem Einschlafen, im Bett liegend, Abend für Abend studierte, und dieser große blaue Fleck in der Mitte des afrikanischen Kontinents wurde zu einem meiner vielen Sehnsuchtsorte.

Nun war ich hier. Aß einen Barsch. Und trank ein Bier.

Es gibt einen vielfach ausgezeichneten Dokumentarfilm namens *Darwin's Nightmare*. Er handelt davon, was hier geschah, nachdem die Briten in den 1960er-Jahren den vermehrungsfreudigen Nilbarsch im Victoriasee aussetzen ließen, um dem regionalen Fischfang einen kleinen Boost zu verpassen.

Die Anzahl der ausgesetzten Nilbarsche war übersichtlich, es waren nur 35 Stück. Der Effekt des Experiments jedoch war signifikant.

Der Nilbarsch ist ein gefräßiger Raubfisch. Innerhalb der folgenden 30 Jahre beteiligt er sich im Victoriasee an vorderster Front an der Ausrottung von 400 Fischarten.

Ein ökologisches Desaster.

Der Film erzählt von arbeitslosen Fischern und von russischen Piloten, die mit ihren Transportmaschinen Waffen für afrikanische Regierungen aus Osteuropa anliefern und auf dem Rückweg Fischfilets einladen, die in Europa sehr gerne gegessen werden.

Der Regisseur sagte über seinen Film: »Darwin's Nightmare könnte ich auch in Sierra Leone erzählen, nur wäre der Fisch ein Diamant, in Honduras eine Banane und in Angola, Nigeria oder im Irak, schwarzes Öl.«

Ich sitze am See. Der Wind treibt die Wolken über den Himmel, der Victoriasee schwappt ungeordnet ans Ufer. Neben mir stakst ein Ibis durch den Sand.

Ich fühle mich erfüllt in diesem Moment. Vielleicht, weil ich einen Sehnsuchtsort meiner Kindheit erreicht habe. Vielleicht, weil mir die Weite des Sees ein Gefühl der Freiheit schenkt. Vielleicht, weil das Vormittagsbierchen eine gelungene Mischung aus Euphorie und Melancholie bewirkt.

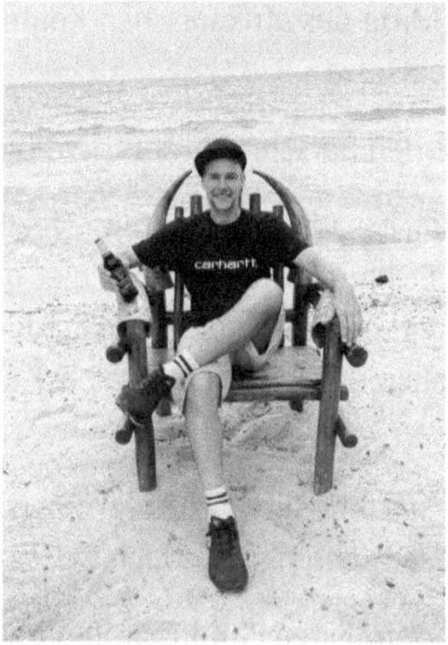

Was ich in diesem Moment nicht weiß, ist, dass ich mich in Rwanda versehentlich für die Ironman® 70.3 WM 2023 in Lahti qualifiziert habe.

Ich bin noch nie so langsam geschwommen. Ich habe noch nie so lange für 90 Kilometer auf dem Fahrrad gebraucht. Und ich bin den langsamsten Halbmarathon meines Lebens gelaufen.

Ich war mental am Straucheln und ziemlich am Jammern. Herausgekommen ist ein WM-Ticket.

Einige afrikanische Athleten konnten ihren zugeteilten WM-Slot offenbar aus finanziellen oder organisatorischen Gründen nicht annehmen. So bin ich nachgerückt.

Nun darf ich mich auf eine Weltmeisterschaft vorbereiten.

2 REFLEXIONEN AM SEE

Der Altausseer See liegt am Südwestfuß des Toten Gebirges, das so heißt, weil es auf seinem Zentralplateau kaum Quellen, kaum Wasser und kaum Pflanzen gibt.

Unten am See ist aber alles ganz normal. Wie ein Bühnenbild ragt im Hintergrund die 600 Meter hohe, schroffe Felswand des Trisselbergs auf. Rundherum gibt es einen herrlichen Weg am Ufer entlang, der sich in einer Stunde zu Fuß absolvieren lässt, im Schatten von Bäumen, die bis ans klare Wasser reichen.

Der See im steirischen Teil des Salzkammerguts ist nicht besonders bekannt, obwohl ihn schon Millionen Menschen auf der ganzen Welt gesehen haben: Hierher verfolgt Daniel Craig aka James Bond im Film *Spectre* die Spur zu einer Person namens *Der blasse König*, den er schließlich nach kurzer Bootsfahrt am Nordwestufer des Sees in einer einsamen, mystischen Hütte antrifft, wo sich dieser nach kurzem Gespräch mit Bond erschießt.

Die Hütte steht dort noch immer, als wäre nichts gewesen.

Auch auf der anderen Seite des Sees, vorne im Örtchen Altaussee, hat sich schon reichlich Prominenz eingefunden. Kate Moss, Liv Tyler, André Heller und viele weitere waren hier, um sich Gutes tun zu lassen.

Ein mehrstöckiges, eher unscheinbares Hotelgebäude, dem man ansieht, dass bei der Konstruktion der Versuch unternommen wurde, das Ganze so gut wie möglich in seine Umgebung zu integrieren. Viel Holz und weniger Pomp, als die elitäre Liste an Gästen dies vermuten ließe.

Hier kümmern sich Gesundheitsspezialisten um das Wohl ihrer Besucher. Und hier habe auch ich mich eingefunden, um im Rahmen eines zehntägigen Performanceprogramms meine physische Kondition zu analysieren, die wichtigsten Stellschrauben zu eruieren und in der Folge meine Leistungsfähigkeit gezielt zu steigern.

Von meiner Qualifikation für die Ironman® 70.3-WM 2023 hatte ich Anfang September erfahren, zwei Wochen nach meiner Rückkehr aus Rwanda.

Die Nachricht kam per E-Mail. Es war ein Freitag. Ich stieß einen spitzen Schrei der Freude aus, dann stand ich minutenlang schweigend auf der Terrasse und ließ die Neuigkeit auf mich wirken.

Ich fühlte mich weltmeisterlich.

Man muss dazu sagen, dass eine Ironman® WM neben der rein sportlichen Komponente auch ihre kommerzielle Seite hat. Herzlichen Glückwunsch zur Qualifikation, hier ist unsere Kontonummer: Laut Veranstalter bleiben einem 48 Stunden, um die eigene Teilnahme verbindlich zu bestätigen, wofür 650 Euro zuzüglich 60 Euro Bearbeitungsgebühr zu entrichten sind.

Ich fühlte mich trotzdem weltmeisterlich.

Ich möchte auch noch einmal betonen, dass ich mich nicht bei einem topbesetzten Rennen in Europa oder Nordamerika qualifiziert habe, bei dem die Besten der sogenannten *Age Grouper* nicht sehr weit vom Trainingspensum und Leistungsniveau eines Profis entfernt sind. Ich habe mich in Rwanda qualifiziert. In einer Nische der Triathlonwelt. Als Fünfter von elf.

Ich fühlte mich trotzdem weltmeisterlich.

Dieser Abend wird mir unvergesslich bleiben. Ich hatte meinen Laptop aufgeklappt und noch einmal mein Mailprogramm geöffnet, obwohl es dafür Freitagabend gar keinen Grund gab.

Als hätte ich gespürt, dass eine Nachricht auf mich wartet.

Ich sah den Absender, öffnete die Mail und las die ersten zwei Zeilen, die da lauteten: »Congratulations! You received a slot through roll down from the 2022 IRONMAN 70.3 Rwanda event ... you are qualified to compete in the 2023 IRONMAN 70.3 World Championship in Lahti, Finland.«

Mein Herz begann zu rasen. Ich kramte in der Schreibtischschublade nach einer alten Zigarette, die ich dort seit zwei oder drei Jahren in einer Schachtel mit Kugelschreibern aufbewahrte.

Ich rauche nicht. Ganz selten, wenn ich in Gesellschaft bin und getrunken habe, kann es sein, dass die Lust auf eine Zigarette in mir aufsteigt. Keine Ahnung, welche Synapsen sich in diesem Moment die Hand reichten. Ich wollte unbedingt diese Zigarette rauchen.

Der Tabak war trocken, die Zigarette flammte beim Anzünden auf. Ich musste husten, bekam augenblicklich eine verstopfte Nase und machte das Ding nach drei Zügen wieder aus.

Es waren an die zehn Minuten, die ich auf der Terrasse stand und in den Nachthimmel blickte. Anfangs ein wenig benebelt, dann klarer und klarer. Ich spürte ein Feuer in mir, eine besondere Erregung. Es hatte etwas von Aufbruch, von sonderbarer Sinnhaftigkeit, fast schon Bestimmung: ein Jahr lang trainieren, um am 27. August 2023 in Finnland mein Bestes zu geben.

***

Den ersten Monat trainierte ich wild drauflos. Am liebsten hätte ich zwei Einheiten am Tag durchgezogen, aber dazu war ich gar nicht in der Lage. Zu oft fühlte ich mich abgeschlagen, vor allem dann, wenn ich trotz Müdigkeit zum Laufen ging und danach noch abgeschlagener war.

Nicht selten arbeitete ich halbtags, obwohl ich genug für einen ganzen Tag zu tun hatte, quetschte einen Halbmarathon in die verlängerte Mittagspause, holte nach einem angetäuschten Mittagsschlaf, in dem weder Kopf noch Körper zur Ruhe fanden, meinen zweijährigen Sohn aus der Kita ab, verbrachte den Nachmittag mit väterlicher Aufsichtspflicht auf dem Spielplatz, und schaffte abends dann noch den Rest an verbliebener Arbeit weg.

Ich war gestresst von Arbeit, Training und Familie. Es war offensichtlich, dass mein Körper mit der Rastlosigkeit, mit der ich in diesen Tagen durchs Leben hetzte, nicht klarkam.

Trotzdem sah ich es zunächst nicht.

Manchmal steht man sich selbst im Weg.

Wie ein Trottel auf der Rolltreppe.

Kommt man an seinem Ego nicht vorbei, ist es ein kluger Zug, den Rat einer anderen Person in Anspruch zu nehmen. Das ist nicht unbedingt meine Stärke, aber in diesem Fall hatte ich Glück: Es ergab sich die Möglichkeit, das *Performanceprogramm* in Altaussee zu durchlaufen, um meine körperliche Leistungsfähigkeit auf den Prüfstand zu stellen.

Hier wurde mir nahegelegt, meine Ambitionen mit der Realität zu synchronisieren. Und auf das zu hören, was mir mein Körper mitzuteilen versucht.

***

In Altaussee werde ich auf Herz und Nieren getestet. Und natürlich auf Blut, Fett und Muskulatur. Das Ergebnis: erhöhte freie Radikale, aber auch hohe antioxidative Kapazität; Sauerstoffaufnahme passt, Stoffwechselleistung im grünen Bereich, sehr gute Fett- und Zuckerverbrennung; Harnbefund unauffällig; Körperfett und Muskelmasse in Ordnung.

Für zehn Tage bin ich nun in den Händen von Ärzten, Sportwissenschaftlern, Trainern, Physiotherapeuten, Osteopathen sowie Coaches in Sachen Achtsamkeit.

»Es geht nicht darum, Sie auf einen Peak zu trainieren«, sagt mir der ärztliche Leiter, »sondern die Basis für eine bestmögliche Leistungsfähigkeit zu schaffen. Dafür werden wir Ihren Körper hier bei uns rebooten.«

Ich erhalte eine individuelle Diät, mit der ich sehr gut leben kann. Vor allem deshalb, weil ich mich nicht selbst darum kümmern muss. Tag für

Tag und Essen für Essen stellen mir freundliche Bedienungen leckere Dinge auf den weiß eingedeckten Tisch.

Es gibt bunte Gemüsesuppen, Saibling, Kaviar, Hirschschinken, Avocado, Hummus, Ziegenkäse, Büffelmozzarella, Rührei und dazu gibt's morgens, mittags und abends gekochte Kartoffeln, Kartoffeln und Kartoffeln sowie jeden Morgen einen wirklich vorzüglichen Löwenzahnespresso.

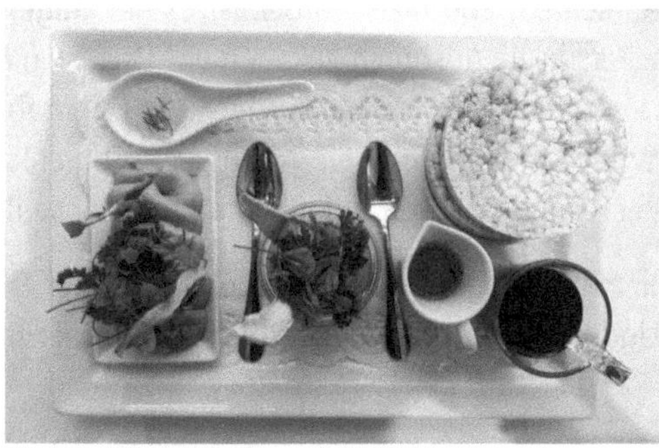

Immer auf dem Tisch steht zudem ein Kännchen Öl zur Aufnahme mehrfach ungesättigter Fettsäuren, wählen darf ich aus Oliven, Chia-, Hanf- oder Leinöl und vielen weiteren.

Es ist erstaunlich, mit wie wenig ich zufrieden bin, wenn ich bewusst esse, dabei nicht aufs Handy glotze und vor allem jeden Bissen wenigstens 30-mal kaue.

Das ist wichtig, weil unser Speichel eine tragende Rolle für die erfolgreiche Aufnahme von Nährstoffen spielt und Bissen für Bissen erst einmal ausreichend Spucke da sein muss.

Deshalb ist Schlingen so schlecht. Und Kauen so gut.

Anfangs komme ich mir beim ausgiebigen Käuen komisch vor, aber bald fühle ich mich wohl damit, und der Effekt wird spürbar, ich bin auf einfache und angenehme Weise satt.

***

Lockerbleiben klingt leicht.

Aber mir fällt es schwer.

Mein Coach möchte, dass ich auf eine Slackline steige, die er unten am Ufer des Sees zwischen zwei Bäumen spannt. Vormittags hat es geregnet, ich stehe barfuß im kühlen, feuchten Gras.

Schritt für Schritt werde ich angeleitet. Wie ich aufsteige, wie ich in die Knie gehe, um mich zu stabilisieren, wie ich die Arme einsetze, um die Balance zu halten.

Ich mache seit Jahrzehnten Kampfsport, von Taekwondo bis Muay Thai, ich stehe auf Surfboards und Snowboards, ich sollte grundsätzlich über ein gutes Körpergefühl verfügen, aber hier auf der Slackline bin ich eine glatte Null.

Der Coach ist natürlich freundlich und sagt, dass ich das »schon sehr gut« mache, aber ich mache das nicht sehr gut. Ich mache das sehr schlecht und bin viel zu verkrampft.

Im Alter von wenigen Monaten hievte ich mich im Kinderwagen auf meine Beinchen, hielt mich mit den Händen am Verdeck fest und begann, im Stehen zu wippen.

Man hatte Bedenken, mein Körpergewicht könne meine noch weichen Fußknochen verformen, da der Körper noch gar nicht bereit war, zu stehen, geschweige denn, zu hopsen.

Ich erhielt ein Geschirr aus Lederriemen, das mich im Liegen fixierte, um mir das unbeaufsichtigte Aufstehen bis auf Weiteres unmöglich zu machen.

Es ist also so, dass ich von früh auf einen großen Bewegungsdrang in mir verspürte. Heute würde man es *ADHS* nennen. Damals sagte man *Zappelphilipp*.

Ich war der, der in der Schule einmal am Tag beim Schaukeln vom Stuhl fiel. In meinem ersten Schulzeugnis steht zu lesen: »Er kann nicht lange stillsitzen ... und rennt und rauft gerne.«

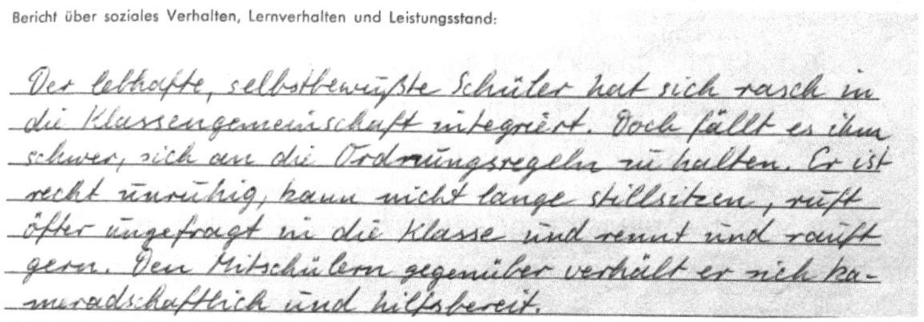

Bericht über soziales Verhalten, Lernverhalten und Leistungsstand:

Der lebhafte, selbstbewußte Schüler hat sich rasch in die Klassengemeinschaft integriert. Doch fällt es ihm schwer, sich an die Ordnungsregeln zu halten. Er ist recht unruhig, kann nicht lange stillsitzen, ruft öfter ungefragt in die Klasse und rennt und rauft gern. Den Mitschülern gegenüber verhält er sich kameradschaftlich und hilfsbereit.

Meine überschüssige Kraft, meine Körperenergie, musste irgendwie raus. Das war so, und das ist so. Bis heute habe ich dabei allerdings keine besonders hohen Skills entwickelt, auf entspannte Weise an die Sache heranzugehen.

Dies äußert sich einmal mehr bei meinem Slacklineauftritt am Ufer des Altausseer Sees.

Statt geschmeidig vorzugehen und eine auftretende Dysbalance mit Lockerheit zu kontern, erkämpfe ich mir mein Gleichgewicht mit Kraft. Ich versuche, Schwingungen mit Härte auszugleichen, versteife mich immer weiter, und am Ende steht mein Körper genauso unter Spannung wie die Leine, auf der ich zu stehen versuche.

Mir steckte noch ein langer Lauf in den Beinen. In Vorbereitung auf einen Marathon hatte ich drei Tage zuvor eine Einheit über 32 Kilometer absolviert. Mein linkes Außenknie zwickte schon, bevor ich auf die Slackline stieg.

Mein Körper kommunizierte mit mir. Leider hörte ich ihm nicht zu.

In der Nacht wird mein Körper dann deutlich. Ich wache auf und kann mein Bein nur noch unter Schmerzen durchstrecken. Am nächsten Morgen ist das Knie geschwollen.

Ich humple zum Frühstück. Meine Laune ist im Keller. Wenigstens ist heute Eiertag, jeden zweiten Tag darf man ein Omelett zum Frühstück wählen.

Auf dem Weg zurück ins Zimmer versuche ich, die Treppen nach oben zu steigen. Das Kniegelenk schmerzt so sehr, dass ich auf der dritten Stufe kehrtmache und den Aufzug nehme.

Krisengespräch an der medizinischen Rezeption, die am heutigen Sonntag nur notbesetzt ist. Für den Nachmittag ist meine Leistungsdiagnostik mit Laktattest angesetzt. Hierfür soll extra ein Experte der Sportagentur *HoldhausNord* aus Wien kommen.

Wir sagen ihm ab. Den Rest des Tages kühle ich mein Knie und schlucke *Ibuprofen*®. Ich leide. Körperlich und mental. Ich versuche, mich mit meinem Knie zu versöhnen, dem ich fast schon verzweifelt rehabilitierende Übungen anbiete, die ich im Internet zusammensuche.

Aber mein Knie ist beleidigt. Da ich keine Ahnung habe, was ich mir eingebrockt habe, ziehe ich sogar in Erwägung, mir einen Schaden an Meniskus oder Außenband zugezogen zu haben.

Den Rest des Sonntags verbringe ich in meinem Bett. Draußen sind tief hängende Wolken aufgezogen. Bald fällt Regen auf die Berge, die Bäume und den See.

***

Man sagt ja, es gebe keine Wunderheilung. Und doch darf ich eine solche erleben. Jedenfalls aus meiner Sicht. Am Montagmorgen bekomme ich zu spüren, was möglich ist, wenn erfahrene Hände den Druck von einem verängstigten Körper nehmen.

Hier im Haus gibt es eine ganze Reihe an Therapeuten, deshalb beginnt der Tag mit einem spontanen Termin beim Physio. Er zeigt mir, wie überlastet meine Beine sind. Das Fußgewölbe ist verspannt, die Waden sind so weich wie Beton, Hüfte und Gluteus miserabel gedehnt, die Faszien meiner Oberschenkel verklebt. In diesem Umfeld liegt mein klagendes Knie.

Muskeln und Bänder stehen unter Spannung, das Ganze reibt über den Schleimbeutel, der ist gereizt, und das verursacht Schmerzen.

In Schweden findet alljährlich im März der *Vasaloppet* statt, ein Skilanglaufrennen über 90 Kilometer. Der Physio erzählt mir, dass er mal den Sieger dieses Laufs vor sich liegen hatte. Seine Beinmuskulatur sei stark ausgebildet und gleichzeitig extrem geschmeidig gewesen: »Weich wie Butter, so ein Bein hatte ich nie wieder in der Hand. Ziemlich genau das Gegenteil von diesem Bein hier.«

Später sprechen wir noch über Laufschuhe, ein Thema, bei dem ich ins Detail gehen kann. Ich laufe immer vier bis fünf verschiedene Modelle und lese viel darüber.

Mit Ende der einstündigen Session kann ich wieder gehen. Der Physio hat in meinen Augen fast schon wundersame Arbeit geleistet. Meine Erleichterung darüber, dass mein Knie nicht verletzt ist und sich in diesem Moment schon so viel besser anfühlt, ist groß.

Ich danke dem Physio, der den Dank gelassen aufnimmt und mir zum Abschied einen freundlichen Hinweis mitgibt: »Man läuft übrigens nicht nur mit den Schuhen ... sondern vor allem mit den Beinen. Mit denen kann man sich als Sportler ab und zu auch mal beschäftigen.«

***

Es geht zum Osteopathen, zwei Türen weiter.

Einen besseren Ort für meinen orthopädischen Zwischenfall hätte ich mir wirklich nicht aussuchen können. Mir wird nicht nur geholfen, sondern es geht an die Ursachen, und ich erhalte eine medizinische Lehrstunde.

Der Osteopath übernimmt mein Knie vom Physio und ermittelt nach wenigen Handgriffen eine Rotationsblockade des Fibulaköpfchens, das sich am oberen Ende des Wadenbeins befindet.

Ich wusste nicht, dass ich ein Fibulaköpfchen habe.

Nachdem die Blockade gelöst ist, gehen die Schmerzen noch einmal zurück. Mein Knie wirkt wie befreit, als würde es einen Seufzer der Erleichterung von sich geben.

Der Osteopath ist aber noch nicht fertig mit mir. Er richtet meine Beine aus und betrachtet die Position meiner Füße. »Der Klassiker, Hüfte beidseitig subluxiert ...«

Aufgrund der Kilometer, die ich Woche für Woche abspule, sitzen meine Oberschenkelköpfe nicht mehr zentral in ihrer jeweiligen Hüftpfanne. Der Osteopath bringt sein Körpergewicht über meine Oberschenkel, lässt sie unter Druck kreisen und rotiert sie wieder in Position.

Das fühlt sich extrem gut an. Wenn's vorbei ist.

Es wird mir dabei helfen, wieder runder zu laufen. Meine Oberschenkelköpfe sitzen nun wieder dort, wo sie hingehören. Eine solche Justierung des Fahrwerks sollte ein Vielsportler wie ich »alle paar Wochen oder wenigstens alle sechs Monate« vornehmen lassen.

Weiter fällt auf, dass meine Körperhaltung nicht aufrecht ist. Im Stehen kippe ich leicht nach vorne. Das liege an meinem vorantreibenden Lebensstil.

»Das ist keine Metapher«, sagt der Osteopath. »Das ist eine Tatsache. Ich hatte hier schon Topmanager, die hängen so weit nach vorne, so könnte ich gar nicht stehen.«

»Was tue ich dagegen?«, frage ich.

»Fersenstand«

»... ?«

»Einfach bei jeder kleinen Gelegenheit, beim Warten an der Supermarktkasse, vor der Kaffeemaschine, immer dann, wenn sich ein Moment bietet, für ein paar Sekunden das Gewicht bewusst auf die Fersen verlagern. Fühlt sich anfangs komisch an, entspricht meistens aber eher der Körpermitte.«

Nach der Behandlung meiner subluxierten Hüfte soll ich einen Spaziergang von etwa 30 Minuten unternehmen, damit der Körper die Position der Oberschenkel verinnerlichen kann.

Natürlich überlege ich, das Ganze in eine kleine Joggingrunde umzuwandeln. Vielleicht die knapp zehn Kilometer in gemütlichem Tempo um den See?

Der Osteopath scheint meine Gedanken zu lesen. »Spa-zie-ren«, sagt er mit Betonung auf jeder einzelnen Silbe, »eine gute halbe Stunde spazieren gehen. Kann auch etwas länger sein. Aber nicht laufen ... sondern gehen.«

Also gehe ich.

Ein Spaziergang ist für mich die größere Überwindung als ein 10-Kilometer-Lauf. Aber ich mache mich auf den Weg. Vom Gartentor des Hotels komme ich auf den Uferweg. Von hier schlendere ich vorbei am Schiffsanleger in Richtung *Fischerndorf*.

Die Regenwolken haben sich verzogen. Es ist ein sonniger Tag. Der See schimmert grün, ein Entenpärchen gleitet übers Wasser. Ich setze mich auf eine Bank, nehme einen tiefen Atemzug lauwarmer Luft und beobachte eine Hummel, die das kniehohe Gras durchforstet.

Was ich für mich und meinen Bewegungsapparat aus Altaussee mitnehme: Wenn ich an meiner Beweglichkeit arbeite, werde ich besser werden. Waden und Oberschenkel zweimal in der Woche mit einer Rolle bearbeiten, um verklebte Faszien zu befreien – und zwar da, wo es wehtut, aber nicht so, dass es zu sehr wehtut.

Gesäß und Hüfte dehnen. Nicht nur kurz nach dem Sport, sondern als eigene Einheit. Es soll nicht wehtun, sondern guttun, nicht als leidige Pflicht, sondern als Belohnung wahrgenommen werden; mit dem Gefühl der Zufriedenheit, in den Tagen zuvor gut trainiert zu haben und diese Stärke nun dauerhaft in den Körper zu implementieren.

Eine besonders sanfte Methode ist die *Meridiandehnung* nach chinesischem Vorbild. Mit einer überschaubaren Abfolge an Übungen wird eine Dehnung von Beinen, Rumpf und Oberkörper erzielt. Dies aber nicht nur, um den Körper zu flexibilisieren, sondern auch, um den Energiefluss anzuregen und die Ganzheitlichkeit des Systems zu fördern.

Dabei ist weniger mehr. Den Effekt bewirkt die Konstanz.

Entspannung ist mein großes Thema. Das zeichnet sich immer klarer ab. In den kommenden Tagen helfen mir die Hände von sieben verschiedenen Masseuren und Physiotherapeuten, mich einfach mal locker zu machen.

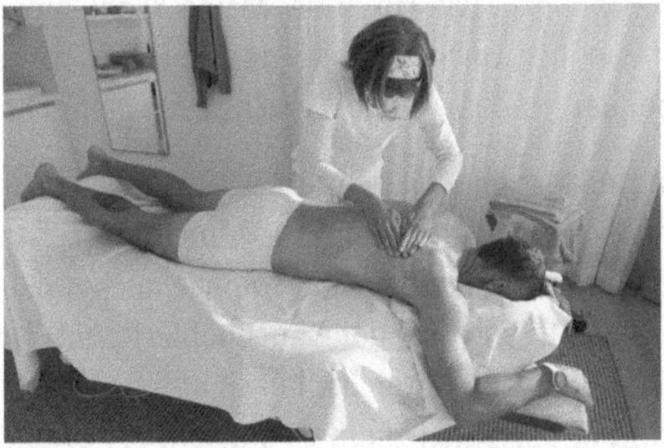

***

Als ich in meinem Übungsplan den Programmpunkt *Atemtraining* finde, bin ich interessiert, auch wenn ich mir im ersten Moment denke, dass ich das mit dem Atmen schon ganz gut selbst hinkriege.

Wir treffen uns in einem hellen Raum im Erdgeschoss, mit Blick in den grünen Garten. Meine Yogalehrerin strahlt etwas sehr Positives aus. Sie sitzt barfuß auf einer Matte, trägt ein weißes Shirt und eine weiße Hose. Ihre blonden Haare schimmern in der Sonne, die durch die Glasfront auf das Parkett und die Wände scheint.

Ich glaube, sie meint es gar nicht so: Aber sie braucht nur eine Frage, um mir zu verdeutlichen, dass ich das mit dem Atmen vor allem deshalb gut hinbekomme, weil es für mich übernommen wird.

»Weißt du, wie dein Zwerchfell funktioniert?«

Ich denke nach und stelle fest, dass ich das nicht weiß. »Ehrlich gesagt ... nein«, gebe ich zögerlich zurück.

»Und wie sieht es aus das Zwerchfell, also ... was ist es?«, fragt sie mich.

Noch einmal kurze Bedenkzeit. Dann: »Ich weiß es nicht.«

So langsam wird mir die Sache peinlich: rennen bis die Luft wegbleibt – aber keinen Schimmer, wie ich atme. Meine Yogalehrerin bleibt wohlwollend und freundlich, auch wenn ich das Gefühl habe, dass sich inzwischen eine Spur der Irritation in ihre Gesichtszüge gemischt hat.

Sie lächelt und erklärt mir, wie ich atme. »Das Zwerchfell ist eine Platte aus verflochtenen Sehnenfasern. Es ist durch Muskelstränge mit Lende, Brust und Rippen verbunden und formt eine Kuppel, die wie eine Trennwand die Brusthöhle von der Bauchhöhle trennt. Kontrahierst du die Muskulatur, zieht es das Zwerchfell nach unten in eine flachere Form. Der Brustraum vergrößert sich, dadurch entsteht ein Unterdruck, der Luft in deine Lungen zieht. Beim Ausatmen entspannt sich das Zwerchfell, es bildet wieder eine Kuppel, der Druck lässt nach und deine Atemluft strömt aus. So ähnlich wie bei einem Blasebalg. Vereinfacht gesagt. Aber ich denke, das reicht für den Moment.«

Ich liege mit geschlossenen Augen auf dem Rücken und konzentriere mich auf die Bewegung meines Zwerchfells. Die Sonnenstrahlen wärmen mich, ich genieße das bewusste Atmen und lausche den ruhigen Worten meiner Lehrerin.

»Das Leben beginnt mit dem ersten Einatmen. Und es endet mit dem letzten Ausatmen. Dazwischen atmest du millionenfach ein ... und wieder aus. 20.000-mal am Tag. Wenn du wach bist, und wenn du schläfst. Und wenn du ausatmest, dann tust du es übrigens nur, weil du dich darauf verlässt, dass du mit dem nächsten Atemzug wieder einatmen kannst. Du vertraust darauf, und auf diesem Vertrauen basiert unser ganzes Leben.«

Das hatte ich so noch nicht bedacht. Atmen ist mehr als die Versorgung meines Körpers mit Sauerstoff. Es ist der stetige Wechsel aus Entschlossenheit und Zuversicht, der mich mein ganzes Leben lang begleitet.

Meine Lehrerin sagt: »Das Hoch und Runter tun wir, das ist dein Ego. Oben und unten können wir einfach sein. Hier kannst du dich mit deinem Selbst verbinden.«

Ich erfahre, dass unsere Atmung vom *Reptiliengehirn* gesteuert wird, dem stammesgeschichtlich ältesten Bereich unseres Gehirns, das so genannt wird, weil auch einfacher gestrickte Lebewesen über so eine Grundausstattung verfügen, wie zum Beispiel ein Salamander oder ein Molch.

Das Stammhirn bringt unsere Urinstinkte ins Spiel, es lässt uns bei Gefahr abhauen oder zum Kampf bereitmachen, es reguliert unseren Herzschlag, unseren Blutdruck, und es lässt uns atmen.

»Das alles funktioniert ohne unser bewusstes Zutun«, sagt meine Yogalehrerin, die im Schneidersitz vor mir sitzt, als könnte sie ewig so dasitzen. »Jeder von uns trägt dieses uralte Wissen in sich. Ich finde, dass es Sinn macht, sich mit diesem Geschenk zu beschäftigen.«

Das bewusste Atmen hat mich nachhaltig beeindruckt. Normalerweise spüre ich meinen Körper vor allem dann, wenn ich ihn unter Druck setze und absichtlich in Schwierigkeiten bringe.

Ich will, dass wir kämpfen, und das schweißt uns natürlich zusammen, macht uns zu einem eingeschworenen Team. Aber es kostet uns auch sehr viel Kraft.

In diesem Fall haben wir einfach nur zusammen geatmet, in einer einfachen, intimen Nähe.

***

Zwei Stunden später stehe ich auf der Liegewiese am See und ventiliere schwer. Mein persönlicher Coach nimmt mich bei einer Ausdauereinheit in die Mangel.

Sechsmal laufe ich mit verschiedener Pace eine Runde von 1,25 Kilometern. Dazwischen absolviere ich intensive Übungen zur Rumpfkräftigung und Koordination. So leeren wir meine Glykogenspeicher und animieren den Körper, diese zu vergrößern.

Ich liebe es, an mein Limit zu gehen. Heute visualisiere ich dabei erstmals mein Zwerchfell, das wie ein Segel in meinem Oberkörper liegt, das ich mit meiner Muskelkraft nach unten spanne, um in kurzen, kraftvollen Intervallen Luft in meine Lunge zu ziehen.

In diesem Moment habe ich nicht das Gefühl, *außer Atem* zu sein. Stattdessen bin ich mittendrin in meinem Atem. Ich japse nicht, ich schnappe nicht nach Luft, ich hechle nicht hinterher. Stattdessen agiere ich und spüre die Dynamik meines Zwerchfells, das ich aktiv steuere.

Ich werde nicht geatmet. Ich atme.

Nachdem mein Knie wieder voll funktioniert, können wir auch endlich die Leistungsdiagnostik durchführen. Auf dem Laufband gehe ich stufenweise an mein persönliches Limit, dabei wird mir Blut aus dem Ohrläppchen abgenommen, um meine Laktatwerte zu bestimmen.

Laktat entsteht, wenn die Muskulatur zum Verbrennen von Kohlenhydraten nicht mehr genug Sauerstoff über unsere Atmung erhält. Nun wechseln wir in den anaeroben Stoffwechsel. Dabei gewinnen wir die benötigte Energie, indem wir Glucose ohne externen Sauerstoff verbrennen.

Das funktioniert eine Zeit lang, aber nach einigen Minuten produzieren wir mehr Laktat, als wir abbauen können. Unsere Muskeln übersäuern. Wir spüren ein Brennen, verlieren an Leistungsfähigkeit ... und dann ist Ende im Gelände.

Für die Akten: In die Sauerstoffschuld (aerobe Schwelle) komme ich ab einem Puls von 166 Schlägen, die finale Übersäuerung mit einem Laktatwert von 4,0 (anaerobe Schwelle) setzt ab 179 Schlägen ein. Daraus abgeleitet, erhalte ich Trainingsempfehlungen mit geeigneten Intensitätsbereichen, um Grundlagen aufzubauen, neue Reize zu setzen und besser zu werden.

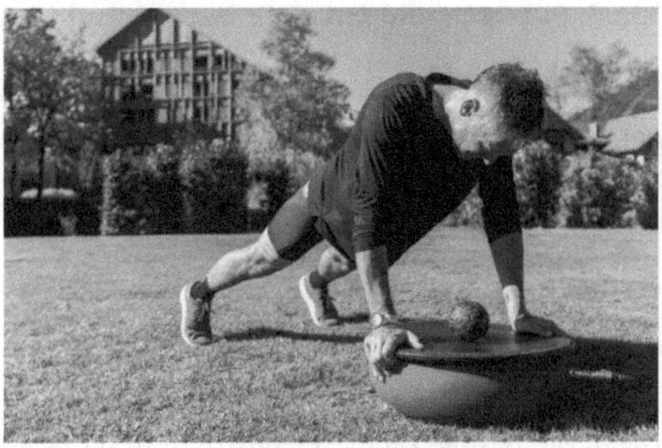

In den vergangenen Tagen habe ich ein Gefühl dafür bekommen, wie intensiv ein Profi an seinen Fähigkeiten arbeiten kann, der von einem kompletten Team betreut wird.

Nach einer Sporteinheit wartet der Masseur, die Köche versorgen mich mit der perfekten Ernährung, zudem stehen mir weitere Goodies wie eine *Kryokammer* zur Verfügung, in der ich für drei Minuten bei einer Temperatur von -110 Grad Celsius auf der Stelle trete, um damit meine Regeneration zu beschleunigen.

Am nächsten Morgen stehe ich auf, habe das Training des Vortags auf erstaunlich gute Weise verarbeitet und bin bereit für die nächste harte Einheit.

Ich fühle mich gut. Ich fühle mich stark. Ich fühle mich weltmeisterlich. Dann folgt ein Termin, der meine körperliche Verfassung in ein anderes Licht rückt und mir in aller Dringlichkeit nahelegt, dass ich das, was ich mache, nicht so weitermachen sollte ... wie ich es mache.

***

Vor meinem Aufenthalt in Altaussee habe ich für 24 Stunden ein Messgerät am Körper getragen, das meine Herzratenvariabilität aufzeichnet. An einem normalen Tag habe ich Sport getrieben, saß arbeitend vor dem Bildschirm, war einkaufen, bin mit dem Fahrrad gefahren, habe mit meinem Sohn gespielt, auf dem Sofa entspannt und natürlich geschlafen.

Anhand der gewonnenen Daten lässt sich analysieren, wie schnell mein Körper auf wechselnde Beanspruchungen reagiert, wie effektiv mein Herz seinen Rhythmus auf die unterschiedlich intensiven Phasen meines Alltags einstellt.

Das Ergebnis: nicht so gut.

Ausgewertet wird das Ganze von den Leistungsexperten der Sportagentur *HoldhausNord*, die bereits meinen Laktattest durchgeführt haben.

»Viel zu wenig Ruhe und Regeneration«, erklärt mir Hans Holdhaus in einem Videocall anhand einer Grafik, die mein so genanntes *Lebensfeuer* zeigt.

Ich hatte erwartet, dass ich großes Lob für meine Fitness erhalte. Stattdessen blicke ich auf dem Bildschirm in ein mahnendes Gesicht: »Du bist total gestresst. Beruf, Familie ... dazu Sport ohne Ende. Du bist immer in Alarmbereitschaft. Darunter leidet deine Leistungsfähigkeit. Wenn du so weitermachst, brennst du aus.«

Beim Laufen auf der Bahn habe ich meinen Puls auf mehr als 190 Schläge pro Minute gepusht, während ich ihn nachts auf 43 Schläge beruhige. Das ist grundsätzlich positiv. Den Daten ist aber zu entnehmen, dass mein Körper zwischendurch kaum zur Ruhe kommt, nicht einmal dann, wenn ich schlafe.

Ich hatte mich nachmittags für eine halbe Stunde zu einem Nickerchen auf die Couch gelegt. Hans Holdhaus zeigt mir die Stelle in der Grafik. »Das hättest du dir sparen können. Der Erholungseffekt war gleich null.«

»Woran liegt das?«, frage ich.

»Dein Körper nimmt dir gar nicht ab, dass er in Ruhe gelassen wird. Du versuchst, abzuschalten, aber dein System geht davon aus, dass der Stress gleich wieder losgeht und fährt erst gar nicht runter, sondern bleibt in Habachtstellung.«

Das Programm analysiert meine *Life Power* und taxiert mein biologisches Alter auf 52 Jahre. Mit 47. Ich bin zwar fit – aber meine Leistungsfähigkeit geht auf Kosten meiner Ressourcen. Fünf Jahre meiner Substanz habe ich demnach durch meinen überaktiven Lebensstil verpulvert.

Nur eine von einem Programm errechnete Zahl. Aber die Information geht mir trotzdem nahe: weil ich spüre, dass da etwas dran ist.

Ich muss besser werden. Aber nicht in der Härte meines Trainings. Sondern im Regenerieren. Im Schlafen. Im Runterkommen. Meine gefühlte Stärke ist meine große Schwäche. Weil ich mir viel zu viel zumute. Weil ich denke, in meiner Stärke schwelgen zu können, aber das ist ein Irrglaube.

Mein Leben braucht mehr Qualität. Und weniger Quantität.

Mit ein paar Tagen Abstand kann ich das Ganze gut einordnen. Ich achte darauf, wie sehr ich mich durch den Alltag treibe. Und erkenne erstaunliche Eigenheiten.

Ich stehe in der Küche und koche. Das könnte ein Moment der Entspannung sein, ich höre Musik und schneide Zwiebeln. Ein Blick auf meine

Pulsuhr verrät mir dabei: Ich koche mit einem Puls von 92 Schlägen pro Minute.

Warum? Weil ich mir vorgenommen habe, um 18:00 Uhr fertig zu sein. Und es ist bereits 17:48 Uhr. Es gibt keinen Grund, warum ich nicht erst um 18:07 Uhr oder um 18:12 Uhr oder meinetwegen auch erst um 18:20 Uhr fertig mit dem Kochen sein sollte.

Aber ich habe mein kompetitives Wesen mit in die Küche genommen, mir ein (völlig sinnloses) Zeitziel gesetzt und möchte dieses erreichen.

So stehe ich da und schneide mit pochendem Herzen eine Zwiebel.

Mein Aufenthalt in Altaussee hat viel in mir ausgelöst. Ich beginne, zu verstehen, dass ich meine Ambitionen mit meinen Ressourcen in Einklang bringen muss.

Es steckt Potenzial in mir, das ich entfalten kann, wenn ich nicht immer nur auf mich einprügle, sondern Regeneration und Pflege als Teil des Trainings betrachte. Wenn ich weicher und geschmeidiger werde. Im Körper. Aber vor allem im Kopf.

Die Experten raten mir, meine Trainingsbelastungen zu überdenken und tendenziell zu reduzieren, sowie mehr und vor allem besser zu schlafen. Zudem müsse ich verstehen, dass sich mentale Anspannung im Beruf in direkter Weise auf meine physische Leistungsfähigkeit auswirkt.

Ein guter Tipp, den ich erhalte: Mikropausen einlegen. Ich soll mehrmals am Tag für fünf bis zehn Minuten aktiv nichts tun. An die Decke gucken. Aus dem Fenster sehen. Eine Ameise beobachten. Eine Wolke betrachten. Die Augen schließen und atmen.

So lernt mein Körper, dass er der Ruhe, die ich ihm anbiete, auch wirklich vertrauen kann.

***

Vor dem Hotel führt ein Steg auf den See, in dem sich der Berg spiegelt. Im klaren Wasser sind ein paar Fische unterwegs, die vorüberziehen und irgendwo verschwinden.

Wir sitzen hier, um nach einer Sporteinheit eine kurze Meditation abzuhalten, zu atmen, die frische Luft zu genießen und in den beanspruchten Körper hineinzuspüren.

Ich beschließe, mir mehr Aufmerksamkeit zu schenken. Mir mit mehr Achtsamkeit zu begegnen und zu neuer Stärke zu finden, indem ich den Mut zur Ruhe aufbringe.

Mein wichtigstes *To-do* ist ... nichts zu tun.

Wenn nur alles so schön einfach wäre.

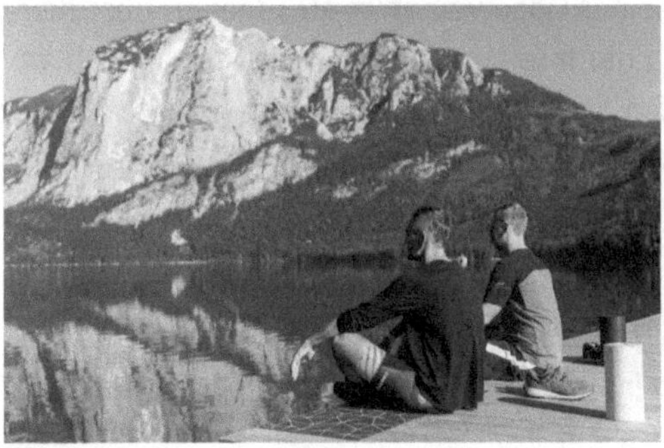

3 AM FUSSE DES VULKANS

Als ich losgefahren bin, war es noch dunkel. Der Morgen war in blauen und grünen Schlieren in der schwarzen Nacht zu erahnen, ehe sich das Tageslicht von unten über den Horizont tastete und immer weiter ausbreitete.

Jetzt hängt der Sonnenball am tiefen Himmel und taucht den Dunst über dem Meer in orangefarbenes Licht. Im Osten sind die Konturen von Gran Canaria zu erahnen, das sich bedeckt hält, so wie meistens.

Der Tag ist da, und es wird ein langer Tag werden.

Die ersten zehn Kilometer habe ich hinter mir. Von El Médano im Südosten der Insel Teneriffa ging es durch die karge Landschaft hoch nach Chimiche und weiter nach Arico. Die *Carretera General del Sur* oder auch TF-28 führt, auf einer Höhe von etwa 400 Metern über dem Meer liegend, in den Norden der Insel, in einem sanften Auf und Ab am Berg entlang. Auf der rechten Seite die blaue Weite des Atlantischen Ozeans, auf der linken die bewaldeten Ausläufer des *Pico del Teide*.

Aus Nordosten kommend, ist bereits eine Brise zu spüren. Dabei handelt es sich nicht um irgendeinen lokalen Guten-Morgen-Wind, sondern um den Passat, das weitreichendste Windsystem der Erde. Heute ist der Passat etwas früher aufgewacht, als ich das erwartet hätte.

Die über dem Äquator im Zenit stehende Sonne erhitzt die Luft, die in der Folge aufsteigt und eine Tiefdruckrinne entstehen lässt, die kühlere Luft aus der äquatorialen Nachbarschaft ansaugt.

Im Atlantik bis zum 28. Grad und im Pazifik bis zum 25. Grad nördlicher Breite strömen Luftmassen nach und ergeben den Passat, der auf der Nordhalbkugel stets aus nordöstlicher und auf der Südhalbkugel aus südöstlicher Richtung weht. So bewegt sich der Passat, was auf Spanisch oder Portugiesisch so viel wie »vorüberziehen« bedeutet, rund um den Erdball.

Für mich an Ort und Stelle bedeutet das: Gegenwind, von schräg vorne.

Gerne wäre ich die ersten 50 Kilometer in Richtung Norden ohne Extraanstrengung unterwegs gewesen, nun trete ich mit etwas intensiverem Krafteinsatz vor mich hin.

Es ist angenehm kühl. Der Asphalt ist bestens. Und bald kommen mir an diesem Sonntag im Oktober die ersten Radfahrer entgegen.

Ich bin ein Grüßer, das liegt in meiner Natur. Manche grüßen freundlich zurück, andere belassen es bei einem souveränen Nicken hinter ihrer verspiegelten Brille, wieder andere gucken im Moment des Vorüberfahrens auf ihren Radcomputer. Den einen ist das kleine Glück anzusehen, in aller Frühe aktiv unterwegs zu sein, andere kommen ausgestattet wie *Robocop* um die Kurve und erwecken den Eindruck, als wären sie hier auf der TF-28 nicht beim Sport, sondern im Einsatz.

Im Örtchen Fasnia sind ein paar ältere Herrschaften vor einer *Tasca* zusammengekommen, die Nase über einem Glas mit Kaffee, ein paar sind auch schon mit ihrem ersten Bierchen beschäftigt.

Wenn ich mit dem Rad durch so ein verschlafenes Nest fahre, ergreift mich immer ein heimeliges Gefühl. Ich wünsche mir dann, selbst hier zu sitzen, ohne Ziel und ohne Grund, in aller Ruhe in den Tag hineinzuleben und gedankenverloren auf die Radfahrer zu blicken, die von der einen Seite ins Bild kommen und auf der anderen Seite wieder verschwinden.

Bald geht es leicht abschüssig und dann immer steiler hinab bis nach Güímar. Dort gibt es noch einmal eine Tankstelle, an der ich mir ein Salzgebäck und ein *Snickers* kaufe. Nicht unbedingt Teil einer perfekt ausgeklügelten Ernährungsstrategie, aber das interessiert mich heute nicht.

Die Straße führt raus aus der Stadt, zweigt dann nach links oben ab, wird steiler und zieht sich in langen Serpentinen höher und höher.

Berge sind immer größer, als man denkt. Jetzt kann man sich überlegen, ob das am Betrachter liegt oder am Berg. Von unten blickt man hinauf und denkt sich, na ja, das wird schon nicht so lange dauern, aber bald stellt man fest, dass es nicht nur lange dauert, sondern noch viel länger.

Berge sind die pure Wahrheit.

Mehr Realität ist schwer zu finden.

Einer meiner größten Trümpfe auf Touren wie dieser ist die Tatsache, dass ich mir vorab gar nicht so genau ansehe, worauf ich mich einlasse. Würde ich das tun, hätte ich so manche Tour in meinem Leben erst gar nicht in Angriff genommen.

Ich fahre los. Und treffe unterwegs auf die Details. In diesem Fall wird mir meine Uhr nach mehr als acht Stunden Fahrt folgende Parameter mitteilen: 161 Kilometer Gesamtstrecke, die mich von Normalnull auf bis zu 2.370 Meter über dem Meer führt und dabei 3909 positiv erkletterte Höhenmeter kumuliert.

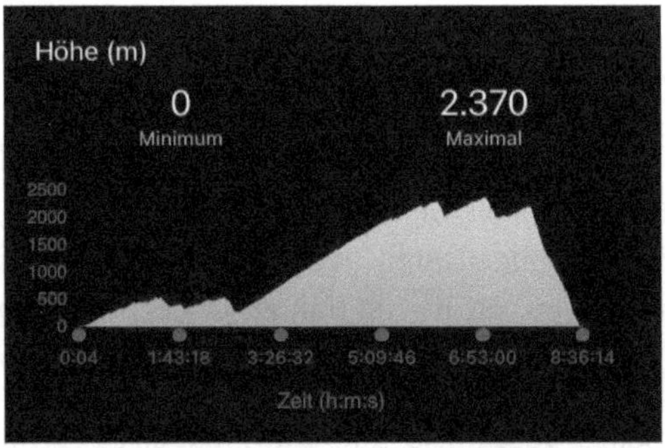

Aber so weit bin ich noch nicht. Ich bin am Beginn meines langen Aufstiegs. Die Temperatur ist angenehm, und inzwischen stört mich auch der Wind nicht mehr, die Straße liegt nun im Schutz von zunehmend dichten Pinien- und Kiefernwäldern.

Immer wieder werde ich von Motorradfahrern überholt, die sich schon einige Serpentinen weiter unten akustisch ankündigen, bis sie dann an mir vorbeibrausen. Die Jungs haben zweifellos Spaß. Sie sind hier, um zu fahren, ihr Ziel ist der Weg. Mein Ziel ist heute: kurbeln, bis es vorbei ist.

Weiter oben erreiche ich eine Aussichtsparkbucht, an der sich die Motorradfahrer treffen, um zu plaudern, den Blick zu genießen und immer wieder für eine Spritztour auf ihre Maschinen zu steigen. Die Serpentinen sind ihre Rennstrecke, ich glaube, einige von ihnen fahren auf Zeit.

Als ich an der Parkbucht vorbeitrete, bin ich eifersüchtig auf die Motorradfahrer. Weil sie ihre Freizeit mit der Freiheit ausleben, sinnlos den Berg hoch- und runterzufahren. Wobei ich mir im gleichen Moment die Frage stelle, inwiefern meine Radtour am Ende mehr Sinn ergibt.

Ein Blick nach unten verrät mir, dass ich schon ein ordentliches Stück aufgestiegen bin. Der Blick nach oben zeigt mir, dass ich noch ein viel ordentlicheres Stück vor mir habe. Soweit ich es sehen kann. Es sind Wolken aufgezogen, und die Straße verliert sich im Nebel.

Die Vegetation verändert sich. Die Luft wird feuchter, die Bäume sind jetzt mit Moos bewachsen. Ich fahre durch dichten Wald, vorbei an saftigen Hängen mit farnartigen, wuchernden Pflanzen. Abfließendes Wasser hat Steine und Geröll aus dem Hang gelöst, das auf der Straße liegt. Schließlich verabschieden sich die letzten Kiefern. Ich habe die Baumgrenze auf 2.000 Metern Höhe erreicht. Jetzt bin ich in einer Wolke, die Sicht hat sich auf wenige Meter reduziert.

Der *Pico del Teide* oder auch einfach *Teide* ist mit einer Höhe von 3.715 Metern über dem Meeresspiegel der höchste Berg Spaniens und mit einer Erhebung von 7.500 Metern über dem Meeresboden der dritthöchste Inselvulkan der Erde.

Früher, das heißt vor acht Millionen Jahren, bestand die Insel aus drei Vulkanen, die später erodiert sind. Darauf erhob sich der *Teide*, der heute allerdings ein ruhiger Genosse ist. Die letzte, eher kleine Eruption datiert zurück auf das Jahr 1909. Dennoch gilt der *Teide* nicht als erloschen.

Sein Name stammt ab von *Echeyde*. Damit bezeichneten die Ureinwohner der Kanaren einen Ort, an den ein böser Dämon den Sonnengott Magec entführte, um ihn gefangen zu halten.

Zwischenzeitlich ist die Sonne tatsächlich von der Bildfläche verschwunden. Endlich habe ich eine Abfahrt erreicht, kann meine Beine für ein paar Minuten bergab rollend ausruhen, aber ich fahre geradewegs hinein in eine noch dickere Wolke.

Dichter Nebel. Es bläst mir irgendetwas zwischen Graupel und Schneeregen ins Gesicht. Ich möchte so schnell wie möglich vorankommen und lasse das Rad laufen. Gleichzeitig habe ich Angst, zu schnell zu werden, auf der schmierigen Fahrbahn ins Rutschen zu geraten und die Kontrolle zu verlieren.

An der nächsten übersichtlichen Stelle halte ich an, ziehe mir eine Windjacke über und schlüpfe in die Handschuhe, die ich - zum Glück - doch noch eingesteckt habe, obwohl ich nicht davon ausgegangen war, sie zu benötigen.

Losgefahren war ich bei angenehmen 20 Grad Celsius um sieben Uhr morgens. Nun, auf 2.300 Meter über dem Meer, dürfte es nur noch knapp über null Grad Celsius sein.

Oberhalb der Baumgrenze erreicht man ein beinahe surreal anmutendes Gebiet, vorbei an Formationen aus Sand und Gestein in Schwarz und Gelb und Scharlachrot.

Ich erreiche die Abzweigung, an der die Straße nach rechts hinab in Richtung Orotava führt. Die Gegend an der Nordwestküste der Insel ist für ihre graue Wolkendecke bekannt, die tagelang an den Hängen des Bergmassivs kleben kann.

Die *Canarios* haben dem Phänomen den Namen *panza del burro* verpasst: Wie der Bauch eines Esels hängen die Wolken über dem Tal - grau und störrisch, nicht gewillt, sich in irgendeine Richtung zu bewegen.

Hier biege ich links ab auf die TF-21, die mich einmal schräg durch den Krater des Vulkans führen wird, der einen Durchmesser von 17 Kilometern hat.

Bis zum Kraterrand geht es wieder konstant bergauf. Ich kurble vor mich hin. Auf einem Fahrrad einen Berg hochzufahren, kommt mir immer etwas seltsam vor. Ich wundere mich dann, wie weit man es schafft, obwohl man doch nur in einem Sattel sitzend auf der Stelle tritt.

Die Wolkendecke wird heller und heller. Bald lasse ich den grauen Eselsbauch hinter mir. Der Sonnengott ist zurück. Mehrfach wähne ich hinter einer Kurve das vorläufige Ende meines Aufstiegs, um nach der Kurve festzustellen, dass sich die Straße noch weiter nach oben zieht.

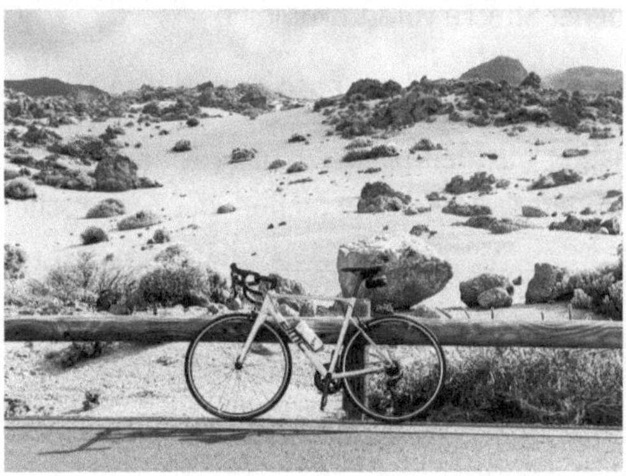

Der Krater. Endlich läuft es mal wieder bergab. Die Sicht ist klar. Ich habe keinen Anstieg vor der Nase, sondern den weiten Blick in die Mondlandschaft des *Teide Nationalparks*.

Die schroffen Felsen und die Rohheit der Natur beeindrucken mich. Von der Küste aus gesehen ragt ein Gipfel in den Himmel, der im Morgenlicht beinahe lieblich und sanft aussieht. Hier oben bin ich nur noch ein keuchender Punkt in einer gigantischen Welt.

Die TF-21 führt als graues Band in südlicher Richtung durch den Krater. Ich komme gut voran. Bis sich das Asphaltband im Schatten der mächtigen Felswände um 90 Grad nach rechts windet.

Auf einmal spüre ich vehementen Wind von vorne.

Was mir hier am späten Nachmittag frontal ins Gesicht bläst, ist der sogenannte *Antipassat*. Ich habe es nachgelesen: Es hängt mit der Erdrotation zusammen, die gemeinsam mit einigen anderen meteorologischen Gegebenheiten dazu führt, dass der verdammte Wind hier oben auf einmal aus Südwest kommt, während er eigentlich aus Nordost kommt.

Ganz verstanden habe ich es nicht. Was ich in diesem Moment verstehe, reicht mir aber auch vollkommen: Ich muss nach 100 Kilometern mit mehr als 3.500 Höhenmetern Aufstieg noch einmal mit voller Kraft treten, um auf ebener Strecke voranzukommen.

Meine Beine brennen. Ich will nur noch nach Hause.

Der finale Anstieg aus dem Krater hinaus windet sich fünf steile Kilometer hoch auf den Kraterrand. Immerhin, die Sonne scheint und wärmt mich.

Über mir segelt ein großer Vogel in den späten Nachmittag, wahrscheinlich ein Turmfalke, der hier häufig anzutreffen ist.

Meine Beine schmerzen nicht mehr, sie treten wie in Trance.

Als ich die letzten Umdrehungen auf das Plateau kurble, stoße ich einen Schrei aus und brülle mir ein ganzes Arsenal an Emotionen vom Leib.

Es ist die Erleichterung, dass es endlich vorbei ist. Es ist die Wut darüber, dass ich mir diese Tour eingebrockt habe. Es ist das Unverständnis, dass ich mich immer wieder gezwungen sehe, so etwas zu tun. Es ist der Zweifel, ob ich es noch einmal tun werde. Es ist die Härte gegenüber mir selbst, die sich in meiner Brust angestaut hat und die ich nun freilasse. Es ist die Erschöpfung, die ich am ganzen Körper spüre. Es ist der Stolz, die gestellte Aufgabe bewältigt zu haben. Und es ist das Glück, dass ich hier und jetzt an genau diesem Ort bin.

Ich spüre eine Leere, die mich erfüllt.

Es geht zurück nach El Médano. Von hier aus noch 35 Kilometer bergab. Ich erreiche den ersten grünen Kiefernwald. Und ganz weit unten liegt der Ozean.

***

Das Kreuzfahrtschiff ist ein ziemlich dickes Ding. Wie ein zehnstöckiger Wohnblock liegt es im Hafen von Teneriffas Hauptstadt Santa Cruz. Auf den Balkonen von einigen der Außenkabinen stehen Menschen und beobachten das Treiben. Heute ist hier Marathon.

Ich hatte mir diese Veranstaltung im November 2022 ausgesucht, um zum Ende des Jahres noch eine neue Marathonbestzeit zu laufen. Avisiert war eine Zeit von unter 3:30 Stunden, also den Kilometer im Schnitt unter fünf Minuten zu laufen.

Ich bin kein besonderes guter oder erfahrener Marathonläufer. Aber ich denke mir, dass diese Zeit machbar sein müsste, obwohl ich noch an einem ausklingenden Husten laboriere.

Mein Kopf hat entschieden, eine Bestzeit zu laufen.

Also hat mein Körper mitzuziehen.

Die Strecke führt von der Hafenstraße hinein in die Straßen der Altstadt von Santa Cruz. Auf dem Weg dorthin geht es auf den ersten zwei bis drei Kilometern immer wieder bergauf. Dann runter und am Meer entlang in Richtung Norden hinaus aus der Stadt, bis zum Wendepunkt und zurück in den Hafen. Das Ganze zweimal.

Die Spanier sind ein sportbegeistertes Völkchen. Die Stimmung ist großartig, es stehen viele Menschen an der Strecke, die Veranstaltung verursacht ein ziemliches Getümmel und hat dennoch etwas sehr Familiäres.

Die erste Hälfte absolviere ich nach Plan, es sind 1:42 Stunden vergangen, als sich die Teilnehmer des Halbmarathons neben mir in die Zielgasse verabschieden und ich auf die zweite Runde gehe.

Auf dem leichten Anstieg in die Altstadt spüre ich, dass meine Energiereserven nachlassen. An der nächsten Verpflegungsstation stelle ich fest, dass sich das Angebot nicht von dem der ersten Runde unterscheidet. Ich hatte auf Gels spekuliert. Es gibt aber nur Wasser und Isodrinks, Orangenspalten und Bananenstücke.

Ich muss gestehen, dass ich am Vorabend noch vor dem Spiegel stand, um über die Zusammensetzung meines Outfits zu entscheiden. Schwarze Laufhose und ein neues Trägershirt in Orange waren gesetzt.

Die Frage war nun, ob ich die farblich passenden und besser gedämpften orangefarbenen Schuhe anziehe. Oder ob ich bei den leichteren Schuhen mit Karbonplatte bleibe, die farblich nicht ganz so gut mit dem Shirt harmonieren.

Es wäre wohl besser gewesen, ich hätte die Zeit genutzt, mich über die Zusammensetzung der angebotenen Verpflegung an der Laufstrecke zu informieren.

Als ich nach 30 Kilometern, aus der Altstadt kommend, die Uferpromenade erreiche, um auf den letzten Loop hinaus aus der Stadt und wieder zurück zu gehen, spüre ich, dass mein Körper die Segel streichen möchte.

Schon seit einigen Minuten kämpfe ich. Ob ich zu schnell für meine Konstitution gelaufen bin, ob mir Energie fehlte, ob ich einfach einen miesen Tag hatte, müde vom intensiven Training der Wochen zuvor war ... oder alles zusammen, kann ich nicht sagen.

Ich bleibe stehen. Steuere eine Steinbank an der Promenade an. Setze mich. Und bin bereit, das Rennen aufzugeben. Das habe ich noch nie getan. Aber ich kann nicht mehr. Oder sagen wir besser: Ich will nicht mehr.

Gerade will ich meine Startnummer abnehmen und mich auf den Canossagang in Richtung Startbereich begeben, der von hier nur ein paar hundert Meter entfernt ist, als eine junge Spanierin näherkommt und sich vor mich stellt.

Sie wedelt mit einer Papierfahne und ruft: »Animo! Animo!« Das heißt so viel wie »auf geht's« oder »sei guten Mutes« oder »du packst das«.

Es schallt mir noch immer in den Ohren. Ich wäre in diesem Moment lieber unbeachtet geblieben, winke ab und versuche, zu signalisieren, dass der Aufruf nett gemeint, aber nicht wirklich erwünscht ist. Die junge Spanierin lässt sich nicht beirren.

Sie wedelt mit ihrer Fahne und ruft immer weiter: »Animo! Animo!«

Ich sehe mich um. Vom Kreuzfahrtkoloss, der hinter uns aufragt, blicken Balkongäste hinunter. Ich glaube, zu erkennen, dass sie Drinks in den Händen halten. Ich weiß nicht, ob sie mich sehen, und mit Sicherheit können sie nichts verstehen, aber nachdem weitere Passanten in das »Animo! Animo!« einstimmen, halte ich es für die beste Lösung, mich aus dem Staub zu machen.

Also beginne ich, wieder zu traben und nehme das Rennen widerwillig noch einmal auf.

Es werden lange Kilometer. Ich laufe. Ich gehe. Ich laufe. Ich gehe. Ich kaue auf einer Banane und lutsche an einer Orange, die farblich perfekt zu meinem Laufshirt passt.

Dann laufe ich weiter, um bald wieder zu gehen.

Karbonschuhe sind eine feine Sache, aber sie benötigen so eine Art Mindestgeschwindigkeit, um die potenzielle Energierückgabe der steifen Platte im Schuh zur Geltung zu bringen, sodass sie einen nach vorne treibt.

Ist man am Eingehen, sind Karbonschuhe nach 35 Kilometern ein Klotz am Bein.

Meine Waden werden immer härter. Auf dem Rückweg in Richtung Hafen bleibe ich noch einmal minutenlang am Streckenrand sitzen, die letzten zwei Kilometer kann ich dann wieder in vernünftigem Tempo laufen.

Mein Kopf stellt den Körper noch einmal auf *Go*. Weil er weiß, dass es gleich vorbei ist.

Am Ende stehen 4:01 Stunden auf der Uhr. Weit entfernt von dem, was ich mir vorgenommen hatte. Immerhin gibt es noch ein Wiedersehen mit der *Animo-Animo-Frau*, die doch tatsächlich an der Absperrung am Zielbereich steht und mir zujubelt.

Ich winke ihr zurück und bedanke mich mit einem geknickten Lächeln.

Vom Ziel bis zum Parkplatz sind es knapp zwei Kilometer. Mit meinen steifen Beinen benötige ich 45 Minuten, bis ich das rettende Auto erreiche. Staksend wie der Ibis am Victoriasee.

***

Der Stachel dieser Niederlage saß tief. Deshalb versuchte ich zwei Wochen später, in einem spontan angesetzten Privatrennen gegen die Uhr, eine neue Halbmarathonbestzeit zu laufen.

Ich weiß nicht, was mich dazu treibt, mir immer wieder solche Aufgaben aufzuhalsen. Aber an diesem Morgen stehe ich um acht Uhr in Los Cristianos. Hier gibt es eine gepflegte Uferpromenade entlang mehrerer sandiger Badebuchten, ein schöner Fußweg am Meer entlang, der sich bis nach Las Américas schnörkelt und keine Höhenmeter aufweist.

Mein Plan sind 21,1 Kilometer in 1:29:59 Stunden, was einem Kilometerschnitt von 4:16 Minuten entspricht. Das Ergebnis meines Vorhabens in kurzen Worten: Schon nach wenigen Kilometern habe ich Probleme, meinen Schnitt zu halten. Die Sonne steigt höher. Die Passanten werden schneller mehr, als ich das gehofft habe. Im Slalom laufe ich über die Promenade, zwischen eisschleckenden Kindern, Touristengruppen mit Strandtaschen und Senioren auf sperrigen Elektromobilen.

Nach zehn Kilometern breche ich mein Vorhaben ab.

Vor dem Hotel *H10 Conquistador* befindet sich ein bekannter Surfspot. Die Wellen sind nicht besonders hoch heute, aber sie laufen konstant und sauber auf das Riff. Im Hintergrund ist La Gomera zu sehen. Die Blätter der Palmen wiegen sich im Wind.

Ich bleibe stehen und frage mich, warum ich heute nicht einfach zum Surfen gegangen bin.

***

Abends sitze ich am Strand von La Tejita und blicke auf die *Montaña Roja*, den roten Berg. Ich liebe diesen Ort. Es ist ein Kegel aus Vulkangestein, der wie eine Sphinx am Wasser liegt und je nach Tageslicht das Blau des Meeres mit einem leuchtenden Rot kontrastiert.

Es führt ein Weg auf den 171 Meter hohen Berg. Ich weiß nicht, wie oft ich diesen Weg schon keuchend hinaufgelaufen bin, um oben auf dem Plateau meinen Puls am ganzen Körper zu spüren, für ein oder zwei Minuten zu pausieren, die Aussicht auf mich wirken zu lassen und dann wieder über rutschendes Geröll nach unten zu rennen.

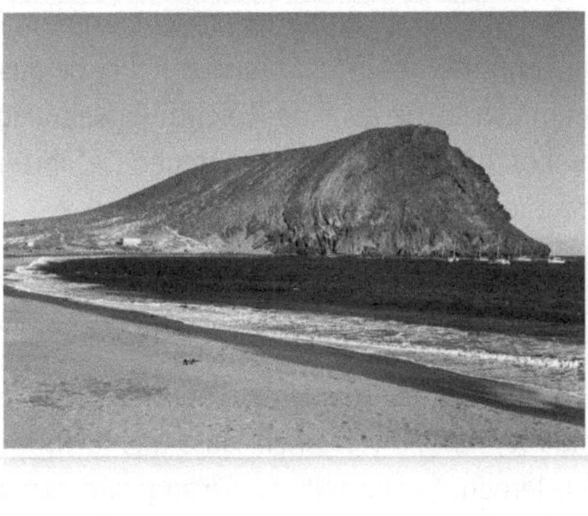

In diesen Wochen auf Teneriffa habe ich viel trainiert. Ich war schwimmen, radfahren und laufen. Täglich oder sogar mehrfach täglich. Ich habe mehr geschlafen als sonst. Häufig ging ich schon um neun Uhr abends ins Bett. Das hat mir gutgetan und zweifellos geholfen, höhere Trainingsvolumina durchzuziehen. An einkalkulierten Pausentagen war ich dann aber doch wieder beim Wellenreiten oder Windsurfen, was zwar schön ist und Spaß macht, aber kein Pausentag ist, nur weil ich die Sportart wechsle.

Ich fühle mich fit und bin nach wie vor hoch motiviert, bis zur WM in Finnland in eine großartige Form zu kommen. Aber gleichzeitig fühle ich mich müde. Ich habe einen Marathon in den Sand gesetzt und einen Halbmarathon abgebrochen. Das ist leider gar nicht weltmeisterlich.

Bis heute habe ich viel in meinen Sport investiert. Ich habe Stunde um Stunde trainiert, geschuftet und gelitten, mir Ziele gesetzt und diese auch meistens erreicht.

Natürlich habe ich viel zurückerhalten. Schöne Erinnerungen und intensive Gefühle, klare Gedanken, Fitness und Selbstbestätigung. Dennoch habe ich mich immer wieder gefragt, warum ich das tue. Nicht selten nahm ich mir vor, es nie wieder zu tun. Aber ich tat und tue es immer wieder.

Hier auf Teneriffa habe ich einen Punkt erreicht, an dem ich mich frage, wie ich in Zukunft mit mir umgehen möchte. Ich habe das Gefühl, etwas hinterherzurennen. Ich suche nach der Leichtfüßigkeit vergangener Tage, nach meinem unbeschwerten Selbst, dem treuen Gefährten, der mich früher immer so freudig und unermüdlich begleitet hat.

Ich glaube, dass ich Sport treibe, weil ich nahe bei mir sein möchte. Weil ich mich beweisen und das Leben auf besondere Weise erleben will.

Gerne würde ich noch härter trainieren. Um besser zu werden als je zuvor. Aber ich glaube, nun zu verstehen, dass das nicht mehr geht. Stattdessen muss ich lernen, besser mit mir umzugehen, um auch weiterhin mein Bestes geben zu können – wie gut das dann auch sein mag.

Ich beschließe, weiter in die Tiefe zu gehen. Mit mehr Experten zu sprechen und mir ihren Rat zu holen. Ich will wissen, was in mir und mit mir geschieht. Wie sich mein Körper verändert. Und wie ich meiner Seele beibringe, dass wir möglicherweise nicht mehr der sind, der wir einmal waren.

TREAT YOUR BODY

4 LEBEN IST VERÄNDERUNG

Ich sitze im Ruhebereich des ICE 726 nach Köln und blicke aus dem Fenster. Die Welt zieht schneller und schneller vorbei. Auf dem Monitor an der Abteilwand steht zu lesen, dass der Zug in diesem Moment mit 298 km/h unterwegs ist. Jetzt klebt mein Blick auf dem Bildschirm. Ich kann nicht wegsehen, will dabei sein, wenn wir die 300 km/h erreichen, was wir kurz darauf schaffen. Ich spüre ein Gefühl der Befriedigung und frage mich, warum.

Wir beschleunigen noch auf 302 km/h. Dann wird die Welt wieder langsamer. Der Zug hält zur Verschnaufpause in Bonn. Wenig später passieren wir in gemächlicher Fahrt die Hohenzollernbrücke über den Rhein, der heute mit guten sechs Kilometern pro Stunde unterwegs ist.

Auch eine schöne Reisegeschwindigkeit, denke ich mir.

Der Rhein fließt ruhig vor sich hin. Schwarze Frachtkähne schieben sich über das Wasser, am Ufer vertäut liegen weiße Ausflugsschiffe. Etwas weiter flussaufwärts ist das Ensemble aus drei großen Bürogebäuden zu sehen, die anmuten wie gigantische Kräne.

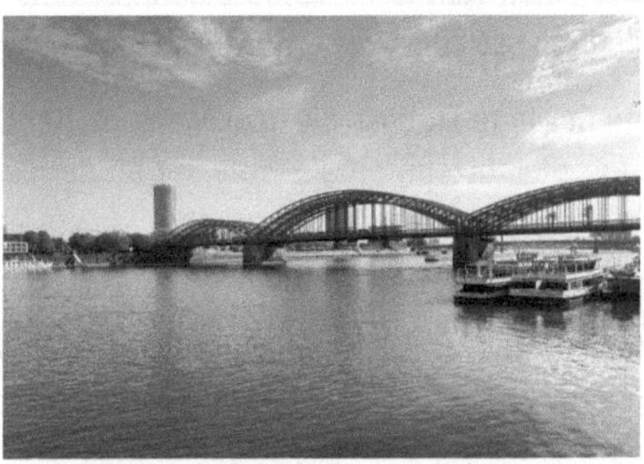

Ich finde, der Rhein hat eine komische Farbe. Da ich nicht hier lebe, kann ich nicht sagen, ob das immer so ist. Es wird wohl von Pegel und Licht und Perspektive abhängen. Aber heute hat der Rhein etwas vom Gelbgrün einer unreifen Kartoffel. Schließlich kommt die Sonne raus, reflektiert auf dem Wasser und lässt es silbrig glitzern.

Der Rhein entspringt in Graubünden und mündet 1.200 Kilometer später in die niederländische Nordsee. Auf seiner Reise nimmt er mit, was er tragen kann. Das Wasser beinhaltet eine Jahresfracht von 13 Tonnen des Antidiabetikums Metformin, mit von der Partie sind 42 Tonnen des synthetischen Süßstoffes Acesulfam, Jahr für Jahr treiben an die 500 Tonnen Mikroplastik mit dem Rhein in die Nordsee, dazu ein buntes Sammelsurium an Rückständen von Reinigungsmitteln, Medikamenten und Kosmetik, an Industriechemikalien und Schwermetallen.

Was man eben so braucht, als Mensch.

***

Köln-Müngersdorf, das Grün der Jahnwiesen.

Hier treffe ich mich mit Professor Dr. Ingo Froböse, um mehr darüber zu erfahren, wie sich mein Körper im Laufe meines Lebens verändert, welche biologischen Prozesse einsetzen und wie ich diesen begegnen kann.

Als junger Mann lief Ingo Froböse die 100 Meter in 10,40 Sekunden. Inzwischen lehrt er seit Jahrzehnten als Professor an der Deutschen Sporthochschule, wo er das *Zentrum für Gesundheit durch Sport und Bewegung* sowie das *Institut für Rehabilitation* leitet.

Der Professor hat 50 Bücher publiziert, ist in Dutzenden Verbänden und Organisationen aktiv und gilt als Instanz der Sportwissenschaft.

»Ich bin relativ gut organisiert und diszipliniert«, sagt er über sich: »Das schränkt mich aber nicht ein, im Gegenteil: Es schenkt mir die Freiheit, mich auf das zu fokussieren, was mir wichtig ist.«

Professor Froböse ist 66 Jahre alt. Er trägt Laufschuhe, eine Stoffhose und eine marineblaue Jacke. Schlank, sportlich, in seinen Bewegungen wirkt er auffallend unangestrengt. Er hat weiße Haare, blaue Augen und ausgeprägte Lachfalten an den Schläfen und den Wangen. Das macht ihn sympathisch. Sein Gesicht hat etwas Dauerschmunzelndes, beinahe Lausbubenhaftes an sich.

Über seine Rolle als nationaler Mahner für Sport und Bewegung sagt er: »Ja, ich habe ein Feuer in mir. Das kann man schon als lodernde Flamme bezeichnen, und das geht manchem vielleicht auch auf die Nerven. Aber ich bin froh, dass es so ist. Man muss sich doch für etwas begeistern.«

Wir flanieren übers Gras. Drüben spielen einige junge Männer Fußball. Es wurde frisch gemäht und riecht nach Wiese. Der Professor erzählt, und ich höre zu.

»Es ist unsere Biologie, dass Körper und Geist zusammengehören und nur gemeinsam gesund sein werden. Wir brauchen das Erleben unseres Körpers, wie wir selbst auf bestimmte Situationen reagieren, um die Signale bewusst zu empfangen und richtig zu deuten. Man nennt das auch Kinästhetik. Nur über das Gefühl der Bewegung wird man sich selbst wirklich kennenlernen und die Kompetenz entwickeln, mit sich selbst richtig umzugehen, das geeignete Maß für sich zu finden, die individuelle psychophysische Balance. In unserer Gesellschaft ist es wichtig, sich auf einem Gebiet gut auszukennen, ein Experte zu sein. Aber die Selbstkompetenz, sich mit sich selbst gut auszukennen ... das hat keine besonders große Lobby.«

Bin ich ein Selbstkenner?

Bis zuletzt hätte ich – ohne nachzudenken – unterstrichen, dass ich ein ausgewiesener Selbstexperte bin. In den vergangenen Wochen und Monaten habe ich allerdings festgestellt, dass ich erstaunlich naiv und selbstfremd mit mir und meinem Körper umgehe.

Wir spazieren um den Adenauerweiher. Immer wieder laufen Jogger an uns vorbei, manche entspannt, einige schnaufen heftig.

Der Professor sagt: »Sport ist keine Religion. Es ist ein Lebensmittel. Wichtig ist, wie man mit seinen Kräften haushält. Ich treibe Sport, sechsmal in der Woche, aber nicht mit dem Willen, immer mein Optimum zu erreichen. Es sind auch 90 Prozent ausreichend, und ich möchte nach dem Sport nicht geschafft und kaputt zu Hause liegen, sondern erfrischt.«

Das sei wichtig, gerade dann, wenn man älter werde.

Wir erreichen das zu Ehren von Turnvater Jahn errichtete Denkmal, das auf einer Anhöhe auf der Südseite der großen Wiese steht und bis in die Baumkronen reicht.

Hier lassen wir uns auf den Steinstufen nieder und blicken auf den Sportpark. Es ist an der Zeit, sich damit zu befassen, wie sich unser Körper im Laufe seines Lebens verändert.

***

Ehe wir in die erstaunlichen Tiefen der Humanbiologie vordringen, möchte ich an dieser Stelle noch einen Hinweis platzieren:

In Ottobrunn bei München, wo ich mitunter zur Schule ging, gibt es noch heute ein Café mit dem Namen *Tortenhimmel*. Hier hatte ich mir so eine Art Hauptquartier eingerichtet, da ich mich lieber in der Nähe der Schule aufhielt, als direkt in der Schule. Vor allem dann, wenn es sich um naturwissenschaftliche Fächer handelte.

Ich war der, der in Biologie nicht da war und in Chemie generell fehlte.

Stattdessen war ich im *Tortenhimmel*.

Als meine Mutter aufgrund meiner wenig befriedigenden schulischen Leistungen meinen Physiklehrer in dessen Sprechstunde aufsuchte, um sich nach mir zu erkundigen, musste der erst einmal gründlich nachdenken, bis ihm einfiel, wer ich war.

Ich möchte mich hier nicht zum Experten der Physiologie aufschwingen. Ich habe kein Talent für Naturwissenschaften. Mir geht es darum, meinen eigenen Körper besser zu verstehen. Und davon zu erzählen, was ich in Erfahrung gebracht habe.

Bei meiner Recherche fand ich im schweizerischen *Journal für Gynäkologische Endokrinologie*[1] zum Beispiel folgenden Absatz, der sich auf eine Studie des deutschen Kardiologen Dr. Christian Werner mit Kollegen bezieht, die im *European Heart Journal* veröffentlicht wurde: »So konnte gezeigt werden, dass regelmäßiges Ausdauer- oder Intervalltraining die enzymatische Telomeraseaktivität aufrechterhält. Damit werden die repetitiven Nukleotidsequenzen am Ende der Chromosomen vor der Verkürzung bewahrt, was den Alterungsprozess der Körperzellen verlangsamt."

Yo.

Das heißt, dass Ausdauertraining die zelluläre Alterung vermindert, was ich mir aber auch erst einmal erklären lassen muss. Deshalb sitze ich hier auf den Stufen an den Jahnwiesen und gehe der Reihe nach mit dem Professor durch, welchen Veränderungen unser Körper unterliegt und was wir dagegen tun können. Oder auch nicht.

ERSTENS: Mit der Zeit verändert sich unsere Muskulatur.

Wir verfügen grundsätzlich über zwei Typen von Muskelfasern. Die Fasern vom Typ 1 kontrahieren eher langsam. Sie sind auf eine dauerhafte Belastung mit begrenztem Krafteinsatz ausgelegt. Zum Beispiel für das Laufen oder Radfahren. Typ-1-Fasern werden *Slow Twitch* oder auch *dunkle* oder *rote* Fasern genannt. Sie gewinnen ihre Energie aerob, also mit Sauerstoff, der über das Blut zur Verfügung gestellt wird.

Die Fasern vom Typ 2 zucken schneller und mit ordentlich Power. Mit ihnen erzielen wir kurzfristig Höchstgeschwindigkeiten und bringen Maximalkräfte auf. Typ-2-Fasern heißen *Fast Twitch*, sie sind heller und werden deshalb auch *weiße Fasern* genannt. Sie ermüden rascher und benötigen mehr Energie, die sie vorzugsweise anaerob aus dem im Muskel bereitgestellten Glykogen gewinnen.

Diese flinken Fast-Twitch-Fasern, die wir zum Sprinten oder Stemmen schwerer Gewichte benötigen, überschreiten den Zenit ihrer Leistungsfähigkeit relativ früh in unserem Leben. Jüngeren Studien[2,3] zufolge liegt das unter anderem daran, dass in den Fast-Twitch-Fasern die Zahl der fleißigen Stammzellen zurückgeht, die wir benötigen, um den Muskel durch Zellteilung wachsen zu lassen und zu erneuern.

Die Fast-Twitch-Fasern werden schwächer, abgebaut oder auch in für das Alter geeignetere *Slow-Twitch-Fasern* umgewandelt. Hinzukommt, dass unsere neuronalen Fähigkeiten abnehmen, zwischen Nerv und Synapse zu kommunizieren. Somit reduziert sich die Innervationsfrequenz, was bedeutet, dass wir unsere Muskeln nicht mehr so effektiv ansteuern können wie früher.

ZWEITENS: Mit der Zeit verändert sich unser Herz-Kreislauf-System.

Erreichen wir in jungen Jahren noch einen Maximalpuls von mehr als 200 Schlägen pro Minute, reduziert sich dies um etwa einen Schlag pro Lebensjahr. Unser Herz verliert an Performance. Das liegt daran, dass unser Herzmuskel sich zwar durch Zellteilung repariert, dabei aber nur rund ein bis zwei Prozent seiner Zellen teilt. So sammeln sich immer ältere Herzzellen an, und im Alter von 50 Jahren ist unsere älteste Herzzelle dann auch schon 49.

Gleichzeitig sinkt unsere *VO2max* um rund 10 Prozent pro Jahrzehnt. Diese Größe beschreibt die Menge an Sauerstoff, die ein Mensch in Relation zu seinem Körpergewicht pro Minute aufnehmen und verwerten kann.

Und noch etwas: Unsere Blutgefäße weisen Ablagerungen auf und verlieren mit zunehmendem Alter an Elastizität. Das System unserer Versorgungsleitungen kommt also ebenso in die Jahre. Der Blutdruck steigt, die Effizienz sinkt.

DRITTENS: Mit der Zeit verändert sich unser Ruheumsatz.

Der *Ruheumsatz* oder auch *Grundumsatz* ist die Energie, die wir tagtäglich verbrauchen, ohne uns großartig anzustrengen. Dieser Umsatz sinkt mit dem Alter, weil wir an Muskelmasse verlieren. Der Anteil passiver Fettzellen steigt, und die verbrauchen weniger Energie.

Diese Tatsache nährt sich in der Folge gleich doppelt, denn Fett und Muskulatur sind *endokrin*, sie schütten also Hormone aus: Weniger Muskulatur bedeutet, weniger Hormone, die aufbauende (anabole) Prozesse in unserem Körper stimulieren; mehr Fett wiederum bedeutet mehr Hormone, die abbauende (katabole) Prozesse anstoßen.

Hinzukommt, dass unser Körper mit dem Alter die Anzahl seiner kleinen Zellkraftwerke (Mitochondrien) reduziert und diese auch noch dazu tendieren, generell ein wenig gemütlicher zu arbeiten.

VIERTENS: Mit der Zeit verändert sich unsere Regenerationsfähigkeit.

Nach körperlicher Beanspruchung benötigen wir mehr Zeit, um uns zu reparieren. Auch hier sehen einige Wissenschaftler einen Zusammenhang mit der geringeren Anzahl an Stammzellen, zudem nimmt die Anzahl der Glukosetransporter (GLUT-4) in den Skelettmuskelzellen mit zunehmendem Alter ab, und natürlich kommen auch bei der Regeneration die hormonellen Veränderungen in unserem Körper zum Tragen, die unter Punkt drei beschrieben sind.

Bis heute können nicht alle biochemischen Regenerationsprozesse erklärt werden. Sicher ist nur, dass sich viele Prozesse verändern und verlangsamen:

Sollte in jungen Jahren eine Ausdauereinheit nach 24 Stunden verarbeitet sein, verlängert sich dies mit dem Alter auf tendenziell 36 Stunden. Und während wir ein intensives Krafttraining im Alter von 25 Jahren nach 72 Stunden komplett weggesteckt haben, wird das mit 50 Jahren eher mal 84 Stunden dauern.

Von ERSTENS bis VIERTENS zusammengefasst heißt das:

Die Muskeln, die uns besonders stark und schnell machen, verlieren mit dem Älterwerden ihre Stärke und Reaktionsfähigkeit. Mit der geringeren Muskelmasse verändert sich unser Hormonniveau, was einen weiteren Abbau begünstigt. Unser Herz pumpt weniger Sauerstoff durch unseren Körper; und obendrauf benötigen wir länger, um zu regenerieren.

***

Der Professor sitzt da und blickt über die Wiese: »Wenn wir wüssten, woran genau das Altern liegt, wären wir einen großen Schritt weiter. Sind wir aber nicht. Altern und Schlaf sind die beiden größten Mysterien, die wir noch haben.«

Man wisse, dass die Leistungsfähigkeit abnehme. Dass die Regenerationsfähigkeit nachlasse. Dass der Körper generell ein gemütlicheres Setup entwickle.

»Was mich dabei stört...«, sagt der Professor, »ist die lineare Beschreibung dieser Entwicklung: dass wir das Alter mit Verlust gleichsetzen.«

In seinen Augen ist ein Blitzen zu sehen. Man spürt, mit welcher Leidenschaft er dem Thema verbunden ist, mit welcher Entschlossenheit er die Menschen ermutigen möchte, dem Älterwerden die Stirn zu bieten.

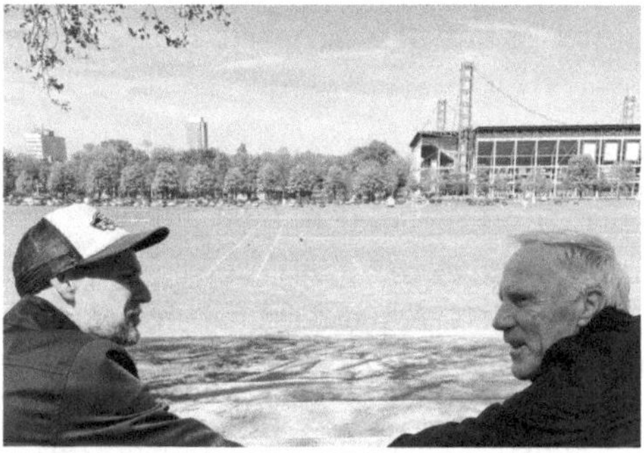

Er sagt: »Viele Prozesse können wir verlangsamen, ihnen gezielt entgegenwirken. Alter bedeutet nicht automatisch Verlust. Sondern Nichtnutzung und Alter bedeuten Verlust. Das ist das Entscheidende. In welcher Form und wie stark wir abbauen, ist weder wissenschaftlich geklärt noch vorgegeben. Wer sich um sich und seinen Körper kümmert, wer trainiert und aktiv ist, der hat über Jahre und sogar Jahrzehnte hinweg vieles in eigener Hand.«

Gerade im Bereich des Ausdauersports ist es nicht so, dass uns ab einem Alter von 30 oder 40 Jahren eine Keule trifft, die unsere Leistungsfähigkeit im Boden versenkt.

Für eine Studie der Deutschen Sporthochschule Köln[4] wurden die Laufzeiten von mehreren hunderttausend Marathonteilnehmern im Alter von 20 bis 79 Jahren analysiert. Mehr als 13.000 der Athleten wurden zudem zu ihrer sportlichen Aktivität, zu Lebensgewohnheiten und ihrer Gesundheit befragt. Als Ergebnis der Untersuchung wird festgehalten: »Vor dem 55. Lebensjahr treten keine signifikanten Leistungsminderungen auf.«

Leistungseinbußen im mittleren Lebensalter seien primär auf eine inaktive Lebensweise, nicht aber auf biologische Alterung zurückzuführen. Ein hoher Anteil von Sportneueinsteigern im Seniorenalter zeige zudem, dass auch »ältere Nichtsportler durch regelmäßiges Training bemerkenswerte Leistungen« erzielen könnten.

Denn ... und das ist nicht nur schön zu lesen, sondern killt auch das Alibi so mancher in die Jahre kommender Ausdauersportler: Ein Viertel der 65- bis 69-jährigen Läufer ist in dieser Studie sogar schneller als die Hälfte der 20- bis 54-jährigen Läufer.

Für den Ausdauersport gilt das geflügelte Wort, dass man 20 Jahre lang 40 bleiben könne.

Wenn man es will. Und etwas dafür tut.

»Das ist eine gute Botschaft«, freut sich Professor Froböse. »Um unsere Leistungsfähigkeit zu erhalten oder sogar zu erhöhen, müssen wir allerdings umso mehr tun, je älter wir werden. Und das bei längeren Regenerationszeiten. Das gilt für das Herz-Kreislauf-Training genauso wie für das Muskeltraining. Diese Crux haben wir als Last zu tragen.«

Leider trainiere diese Last nicht unsere Muskulatur, sagt er mit einem Lächeln, aber: »Einen starken Geist kann diese Last durchaus trainieren.«

Womit wir zum positiven Teil dieses Kapitels kommen.

Und das hält einiges an Spielraum und Gestaltungsmöglichkeiten für uns bereit.

***

Es gibt ein Laufevent, das Jahr für Jahr von einem Brausehersteller aus Österreich ausgetragen wird. Die Besonderheit daran ist, dass die Ziellinie von hinten kommt: Die Teilnehmer laufen los, und nach 30 Minuten startet ein Auto, das immer schneller wird und die Läufer der Reihe nach einholt.

So ähnlich ist das mit unserer Leistungsfähigkeit. Das Alter kommt von hinten. Es wird sich nicht aufhalten lassen. Es wird uns einholen. Aber wir können ihm ja trotzdem davonlaufen. Das ist mit Sicherheit lustiger, als mit der ersten Truppe an Lahmbacken im Besenwagen zu sitzen.

Kommen wir deshalb zu den Schrauben, an denen wir drehen können, um unsere körperliche Leistungsfähigkeit gegen das Altern in Stellung zu bringen.

Hierfür gibt es ein echtes Multitool: Pumpen.

Je älter wir werden, desto mehr müssen wir uns um unsere Fast-Twitch-Fasern kümmern. Wichtig ist, dass wir dabei mit mehr als nur mit unserem Körpergewicht arbeiten.

Professor Froböse erklärt, warum: »Mit einer niedrigen Innervationsfrequenz bekommen wir unsere Fast-Twitch-Fasern nicht angesprochen. Wir brauchen Belastungsintensitäten jenseits von 60 Prozent der Maximalkraft, sonst springen die gar nicht an. Zudem haben wir zwei verschiedene Arten, oxidativ und glykolytisch arbeitende Fast-Twitch-Fasern. Gerade die glykolytisch arbeitenden kommen erst ab einem Bereich von 70, 80 oder 90 Prozent unserer Maximalkraft auf Touren.«

Das Körpergewicht reiche hierfür nicht aus. Heißt: Beinpresse, Kreuzheben, Kniebeugen mit der Langhantel und so weiter. Beim Trainieren mit freien Gewichten kommt hinzu, dass gleichzeitig die Koordination verschiedener Muskelgruppen angesprochen wird.

Pumpen hält jung. Es wirkt dem Abbau von Fast-Twitch-Fasern entgegen, es trainiert unsere Fähigkeit, die Muskeln effektiv anzusteuern, es verbessert die intramuskuläre Koordination. Ob wir damit im Alter von 40 oder 50 oder 60 Jahren beginnen, spielt keine Rolle. Es hilft uns sehr und macht uns fit für die Zukunft.

Aber bitte unter professioneller Anleitung. Ein ausgebildeter Coach kennt die Details.

***

Hinzukommen beim Krafttraining einige erfreuliche Nebeneffekte.

Mehr Muskulatur bedeutet einen höheren Ruheumsatz, so verbrennen wir mehr Kohlenhydrate und setzen weniger schnell Fett an. Zudem produziert unser Körper mehr aufbauende, anabole Hormone wie Testosteron, die uns wiederum beim Reparieren und Regenerieren helfen.

»Das ist ja das klassische Beispiel«, sagt der Professor: »Mann im fortgeschrittenen Alter ... dünne Beine, dicker Bauch. Östrogene ohne Ende und kaum noch Testosteron. Durch Muskelmasse können wir unseren Testosteronspiegel lange hochhalten. Und das beeinflusst eine Vielzahl an Prozessen in unserem Körper auf positive Weise.«

Darüber hinaus wirkt sich das Gewicht, mit dem wir beim Krafttraining hantieren, kräftigend auf Bänder und Sehnen aus, es hilft uns, die Knochendichte zu erhöhen und schützt uns damit vor Osteoporose und vermeidbaren Knochenbrüchen.

»Knochen lebt«, erklärt mir der Professor: »Mit zunehmendem Alter erfahren wir eine Verschiebung von Osteoblasten und Osteoklasten, von aufbauenden hin zu abbauenden Knochenzellen. Es ist wichtig, den Aufbau durch Belastungsreize zu stimulieren. Dafür müssen es auch nicht immer Gewichte sein. Um unsere Röhrenknochen zu belasten und den Knochenstoffwechsel anzuregen, genügt die Schwerkraft. Deshalb ist es so wichtig, dass wir regelmäßig springen, laufen oder wenigstens gehen.«

»Gibt's vielleicht noch einen Geheimtipp?«, frage ich den Professor.

»Ja«, sagt er erfreulicherweise: »Temperatur!«

Wärme mache uns leistungsfähig, sie erhöhe unsere Aufmerksamkeit, fördere die Durchblutung und bringe unsere Muskulatur an den Start. Reparatur wiederum erfolge, wenn wir abkühlen. Deshalb sinke auch unsere Körpertemperatur um etwa ein Grad Celsius, wenn wir während des Schlafs in unsere wichtigste Regenerationsphase eintreten.

»Als Sportler müssen wir über die Fähigkeit der Temperaturregulation verfügen. Es ist eine wichtige Maßnahme, sich Kälte und Wärme auszusetzen. Saunieren, Kältebaden, Wechselduschen. So lernt unser Körper, seine Temperatur an die jeweiligen Anforderungen anzupassen. Er wird schneller auf Betriebstemperatur kommen und schneller wieder abkühlen, um sich effektiv zu erholen. Temperatur ist ein Motor unserer Regeneration, den wir ganz gezielt nutzen können.«

Der Professor und ich laufen über die Jahnwiese zum Parkplatz. Die Wolkenschlieren haben sich verzogen und Platz gemacht für einen herrlichen Tag unter stahlblauem Himmel.

Wir verabschieden uns. Und mir bleibt an dieser Stelle der Verweis auf das nächste Kapitel, in dem es um verschiedene Möglichkeiten gehen wird, effektiv zu regenerieren.

Dabei erwartet uns eine faszinierende Erholungsmaßnahme.

Ein Phänomen ... namens Schlaf.

5 DAS GRÜNE SOFA

Wir haben ein grünes Sofa. Das haben wir uns während des ersten Corona-Lockdowns gekauft, als ein üblicherweise eher teures Designmöbelhaus spezielle Rabatte anbot, um Menschen wie uns dazu zu motivieren, sich etwas zu leisten, zum Beispiel ein Sofa.

Normalerweise bin ich bei solchen Anschaffungen für zu Hause eher kritisch. Erstens denke ich immer daran, dass ich alles, was ich in eine Wohnung trage, auch wieder hinaustragen muss.

Zweitens will ich gar nicht zu Hause sitzen. Also wozu das Sofa aufmotzen?

Während des Lockdowns saßen wir zu Hause. Zudem war meine Freundin schwanger, und deshalb saßen wir sogar noch ein wenig mehr zu Hause, was aber okay für mich war, weil alle anderen auch zu Hause saßen.

Ich habe den Lockdown geliebt. Um meine übliche Laufstrecke in den Pegnitzauen zu erreichen, muss ich eine für gewöhnlich stark befahrene Straße überqueren. Vier Spuren, Autos dicht an dicht, die Fahrer hinter den Lenkrädern gestresst und gallig.

Da die Ampel für Fußgänger eher selten und dann auch nur kurz auf Grün springt, muss man fast immer warten, wenn man kommt, und sich minutenlang das Trauerspiel dieser Hauptverkehrsstraße ansehen. Ein unangenehmer Ort, voller negativer Energie.

Während des Lockdowns kein Problem.

Die Straße war so verlassen wie in einem Endzeitfilm.

Surreal, schön. Keine Autos. Keine genervten Fahrer. Und in den Flussauen so viele Menschen wie nie. Menschen, die joggen, spazieren, plaudern oder auf Decken sitzen. Knutschende Paare. Väter mit Söhnen beim Ballspielen. Familien im Kreis. Dampfende Würstchen auf dem Grill. Kinder auf Laufrädern. Polizisten auf Pferden. Es lag eine ansteckende Ruhe über der Stadt, und man konnte spüren, wie sehr die Menschen diese Ruhe genossen.

In dieser Zeit kauften wir uns also das grüne Sofa. Nicht knallgrün oder grasgrün, sondern dunkelgrün, eher ein Tannengrün. Mit Samt bezogen und mit einem Ottomanen, der das Sofa groß genug macht, um auch zu zweit darauf ein Nickerchen abhalten zu können.

Auf diesem Sofa liege ich gerade, trinke einen Thymiantee mit Honig und schreibe diese Zeilen.

Ich bin am Kränkeln. Der Hals kratzt, ich habe Kopfschmerzen und große Bedenken, in den kommenden Tagen nicht trainieren zu können.

Meine Pulsuhr hat mir heute vorgeschlagen, laufen zu gehen, so, wie sie das jeden Tag macht. Vorschlag für heute: 1:16 Stunden in einem Tempo von 5:30 Minuten pro Kilometer.

Schöner Vorschlag, aber meine Uhr weiß natürlich nicht, dass ich mich krank fühle.

Erstaunlich finde ich, wie lange ich überlegt habe, dem Rat meiner Uhr dennoch zu folgen. Natürlich wusste ich, dass es keinen Sinn machte, weil ich nicht in der Konstitution für eine Sporteinheit war. Trotzdem versuchte ich, es mir schönzureden.

Erster Ansatz: Wenn ich laufen gehe, kann ich die Krankheit noch vor Beginn rausschwitzen und bin morgen wieder gesund. Nachdem ich mich für einige Minuten mit dieser Idee beschäftigt habe, zweimal fast schon aufgestanden bin, um doch noch einmal zu zögern, muss ich mir allerdings eingestehen, dass meine Halsschmerzen und mein Kopfweh viel zu präsent sind, als dass sich das noch *wegschwitzen* ließe.

Das bringt mich direkt zu Ansatz zwei: Ich laufe jetzt 20 Kilometer (mehr, als meine Uhr mir für heute vorschlägt, die denkt, ich wäre gesund). Der Clou dabei, so denke ich mir, ist: Da ich aufgrund meiner Krankheit ohnehin eine Zwangspause werde absitzen müssen, kann ich diese Zeit dann in aller Ruhe zum Regenerieren nutzen.

Auch mit dieser – im Nachhinein betrachtet – einfach nur dummen Idee beschäftige ich mich für einige Minuten. Bis meine Freundin mir nahelegt, einfach mal die Klappe zu halten, mich hinzulegen und zu schlafen. »Du siehst aus, als bräuchtest du eine Pause«, sagt sie. Damit spricht sie nur aus, was ich selbst im Spiegel sehe: dunkle Augenringe ... und glasige Augen.

Jetzt liege ich auf unserem grünen Sofa.

Und versuche, nichts zu tun.

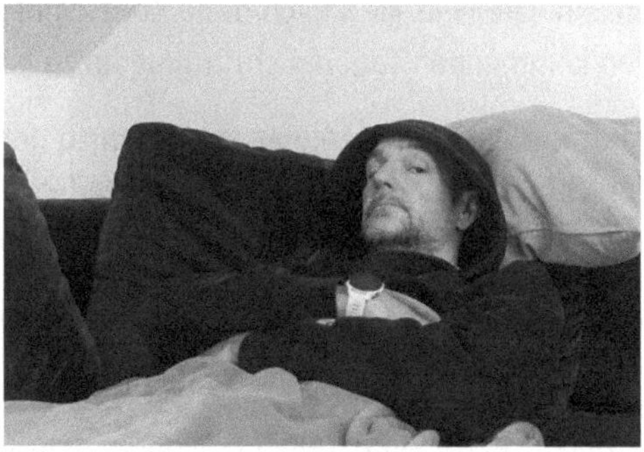

Da ich große Probleme damit habe, nichts zu tun, stelle ich mir vor, wie mein Körper dennoch aktiv ist, wie er den Krankheitserregern entgegentritt und für unsere Freiheit kämpft.

Der Fight läuft. Mein Hals ist von Eindringlingen befallen, aber mein Körper setzt sich bereits mit einer gezielten Entzündung in Hals und Rachen zur Wehr. Ein Stoßtrupp B-Lymphozyten produziert Antikörper, heftet sich an alle Bakterien und Viren, die hier nichts zu suchen haben, und markiert sie. Eine Gruppe T-Helferzellen schwärmt aus und meldet die markierten Eindringlinge weiter. Jetzt schicke ich T-Lymphozyten in die Schlacht, die auf die Erreger losgehen. Dazu eine Spezialeinheit an Killerzellen, die befallene Zellen abtöten und ein Kommando Makrophagen, meine Riesenfresszellen, die fremde Zellen einfach umschließen und in ihrem Inneren auflösen.

Mein Immunsystem ist gnadenlos. Ich versuche, zu schlafen, Puls und Blutdruck zu senken und meine Körperfunktionen zu reduzieren, um alle Kräfte zu mobilisieren und vielleicht schon morgen wieder bereit für eine (lockere) Sporteinheit zu sein.

Leider dauert der Kampf etwas länger, als veranschlagt.

Es sind drei volle Wochen, die ich mit einer Bronchitis flachliege.

***

Wenn wir krank sind, müssen wir unsere volle Leistungsfähigkeit wiederherstellen. Wenn wir unseren Körper durch sportliche Beanspruchung gefordert und verletzt haben, müssen wir ihn ebenso wiederherstellen. Was wir hierfür vor allem benötigen, ist: Zeit.

Die Balance aus Training und Regeneration ist der Schlüssel zur Leistungssteigerung. Unser Körper reagiert auf die Belastung. Im besten Fall steckt er dabei nicht nur das Training weg und repariert entstandene Schäden, sondern er erhöht sogar seine Leistungsfähigkeit über das bestehende Niveau hinaus, um für kommende Aufgaben bereit zu sein. Das nennt sich *Superkompensation* und funktioniert, wenn wir unserem Körper die benötigte Zeit zur Erholung einräumen.

Mit zunehmendem Alter dauert unsere Regeneration länger. Umso wichtiger ist es, effizient zu regenerieren, damit wir saubere Reparaturarbeit leisten können und zwischen den erwünschten Sporteinheiten nicht zu viel Zeit verlieren.

Was können wir tun?

Erst einmal können wir natürlich aktive Maßnahmen einleiten. Was die Faktenlage bei der *aktiven Regeneration* angeht, ist die Sache allerdings kompliziert. Warum?

Weil wir alle Menschen sind. Wir sind Biologie. Die Wissenschaft ist schlau. Aber wir können nur schwer vergleichen, wie viel schneller oder besser jemand regeneriert hat, der massiert wurde, gegenüber einem, der nicht massiert wurde.

Natürlich versucht man es dennoch: Es gibt hierzu eine schöne Studie[5], die unter Leitung von Dr. Maximilian Pelka, inzwischen als Psychologe beim FC Bayern München tätig, an der Ruhr-Universität Bochum durchgeführt und 2017 veröffentlicht wurde.

Dabei haben 27 Sportstudenten Intervalle von sechs Sprints über vier Sekunden absolviert. Nach einer Pause von 25 Minuten sind sie dann noch einmal gesprintet. Gemessen wurde die Maximalgeschwindigkeit. Das Ganze wurde fünf Wochen lang einmal pro Woche wiederholt, um daraus valide Daten zu generieren.

Ihre 25-Minuten-Pause zwischen den beiden Sprintblocks haben die Athleten in jeder der fünf Testwochen mit einer anderen Regenerationsmaßnahme angereichert:

Massieren der Muskulatur;

eine festgelegte Abfolge an Yogaübungen;

Atemübungen zur Entspannung;

ein spontaner Powernap sowie

Comics lesen.

Das Ergebnis: Die Atemübungen hatten einen positiven Effekt auf die Leistungsfähigkeit. Auch das Nickerchen hatte ein messbar positives Ergebnis. Das progressive Massieren der Muskulatur hingegen war so effektiv wie das Blättern in einem Comic.

Darüber hätte wohl auch *Batman* gestaunt.

Bei Regenerationsmaßnahmen geht es vor allem um das subjektive Empfinden: Wer sich achtsam mit seinem Körper beschäftigt, wer ihm etwas Gutes tut, der wird in den meisten Fällen auch davon profitieren. Wie viel die Maßnahmen im Einzelfall aber wirklich bringen, ist schwer zu bewerten.

Das Bundesinstitut für Sportwissenschaft (BISp) hat hierzu von 2012 bis 2021 ein neunjähriges Projekt mit dem Namen *Regenerationsmanagement im Spitzensport*[6] oder auch kurz *REGman* durchgeführt. Involviert waren Wissenschaftler und Athleten.

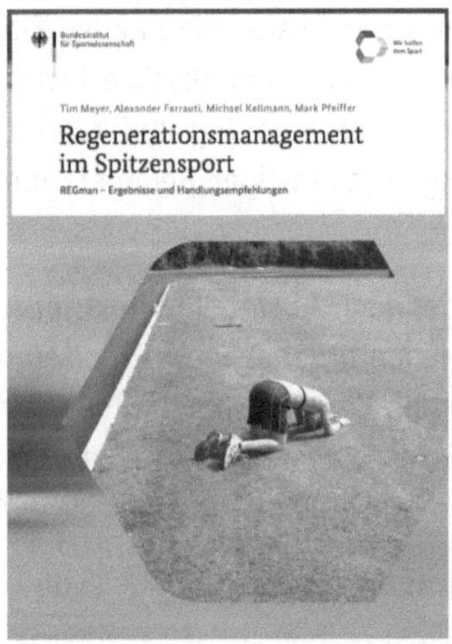

Zum Thema *Stretching* heißt es in der Studie: »Zur Reduktion von Muskelschmerzempfinden und zur beschleunigten Leistungswiederherstellung in den Folgetagen nach intensiver körperlicher Belastung zeigt Stretching keine bedeutsamen messbaren Vorteile gegenüber der Kontrollbedingung.«

Bitte nicht falsch verstehen: Eine Einheit mit Dehnübungen für mehr Flexibilität oder auch die Arbeit mit einer Rolle oder einem Ball, um verklebte Faszien zu lösen, ist natürlich dennoch eine hilfreiche Ergänzung im Training eines Sportlers. Pflegende Maßnahmen wie diese sind richtig und wichtig. Zu einer beschleunigten Erholung nach Belastung tragen sie aber deutlich weniger bei, als man vielleicht glauben möchte.

Den Experten zufolge sind auch die Regenerationseffekte einer Massage eher gering. Aber die Tatsache, dass es sich gut anfühle und einen harten Tag schön ausklingen lasse, sei ja auch schon was wert. »Allein dieser Effekt mag Massage als Intervention rechtfertigen, auch wenn eine überdauernde Wirkung ausbleibt«, so die *REGman*-Studie.

Wie sieht es mit einem lockeren Erholungslauf aus? Scheint auch nicht das zu sein, was man einen *Gamechanger* nennen würde. Die *REGman*-Studie sagt dazu: »Im Mittel besitzt eine aktive Erholung, die am Folgetag nach einer intensiven Belastung absolviert wird, kaum messbare Vorteile gegenüber der passiven Erholung und kann daher nicht grundsätzlich zur Unterstützung mittelfristiger Regenerationsprozesse empfohlen werden.«

Aktives Auslaufen oder auch Ausradeln direkt im Anschluss an eine körperliche Belastung wiederum sehen viele Experten noch immer als geeignete Maßnahme, um den Körper runterzufahren und so früh wie möglich Laktat aus den Muskeln auszuspülen. Man ist sich aber auch unter den Fachleuten nicht einig, wie effektiv das am Ende wirklich ist.

Gibt es denn nichts, was einen so richtig nach vorne bringt?

Doch, gibt es: Ein Ganzkörper-Kaltwasserbad, und zwar so schnell wie möglich nach dem Training, boostet tatsächlich unsere Regeneration.

Dabei muss es nicht unbedingt eine Tonne voller Eiswürfel sein. Ein Wasserbad mit einer Temperatur von 12-15 Grad Celsius ist bestens geeignet. Allerdings nicht kurzfristig zwischen zwei Durchgängen in einem Wettkampf oder bei aufeinanderfolgenden Trainingseinheiten, weil es durch die Kühlung zu einer vorübergehenden Einbuße der Schnellkraft kommen kann.

***

Was auch immer man über das Regenerieren unseres Körpers in Erfahrung bringt, eines scheint festzustehen: Die Königsdisziplin unter den Erholungsmaßnahmen ist ... nichts zu tun.

Ist unser Körper mit der Erholung von einer sportlichen Belastung beschäftigt, wünscht er sich vor allem eines: Er möchte in Ruhe seine Arbeit machen. Die größte Freude bereiten wir ihm deshalb damit, wenn wir einfach mal auf Pause drücken.

Um hierüber mehr zu erfahren, habe ich mir einen Gesprächspartner aus der Schweiz gesucht. Professor Dr. Daniel Erlacher, Psychologe und Sportwissenschaftler an der Universität Bern, hat mit einigen Kollegen ein Buch mit dem Namen *Sport und Schlaf*[7] verfasst und zu diesem Thema habilitiert.

Am Telefon tut Professor Erlacher so, als wäre er gar nicht so schlau. Was den Schlaf angehe, verweist er darauf, dass es noch immer zahlreiche Reparaturprozesse in unserem Körper gebe, die nicht vollständig geklärt seien und deshalb auch nicht erklärt werden könnten.

Aber der Professor weiß natürlich sehr genau, was wir wissen müssen: »Grundsätzlich für den Aufbau und die Wiederherstellung von Muskelgewebe verantwortlich ist das Wachstumshormon Somatropin, das im Wesentlichen während der Tiefschlafphase N3 ausgeschüttet wird, die somit essenziell für unsere körperliche Regeneration ist.«

Heißt: Wer gut regenerieren möchte, der muss erst einmal tief schlafen. Diese sich wiederholende Phase des Tiefschlafs durchlaufen wir im ersten Teil der Nacht.

Mit zunehmender Schlafdauer treten wir dann in die REM-Phasen (Rapid Eye Movement) ein, in denen sich unsere Augen bei geschlossenen Lidern schnell hin- und herbewegen. In diesen, häufig traumintensiven Phasen, speichern wir Fähigkeiten ab und verarbeiten Geschehnisse.

Ein Faszinosum ist das, was man als *glymphatisches System* bezeichnet, das im zentralen Nervensystem von Wirbeltieren (wie uns Menschen) vermutet wird.

Man kann es sich als eine Art Drainagesystem im Gehirn vorstellen, das dem Abtransport von Abfallstoffen dient. Das System fährt seine Kapazitäten während des Schlafs hoch, um unser Gehirn und unser Rückenmark zu reinigen. Möglicherweise auch von blöden Ideen.

Bis heute gilt das *glymphatische System* allerdings als »mutmaßliches Entsorgungssystem«, da es noch nicht gelungen ist, alle Vorgänge zweifelsfrei nachzuweisen.

Aber – so sagt auch Professor Erlacher – es ist »eine der ganz heißen Theorien«.

***

Gutes Schlafen ist eine Disziplin, die wir als Sportler beherrschen sollten.

Um die Nacht effektiv zur Erholung zu nutzen, kann Folgendes beachtet werden:

Ein abendliches Ritual ist hilfreich, um sich zu entspannen. Das kann eine Tasse Kräutertee, eine Stretchingeinheit, eine Meditation oder auch eine Atemübung sein. Wichtig ist, dass der Kopf runterkommt, um sich gemeinsam mit dem Körper auf den Schlaf vorzubereiten.

Elektronische Geräte wie Handy oder Laptop sollten abends so früh wie möglich beiseitegelegt werden. Dabei geht es nicht unbedingt um das viel diskutierte blaue Licht, das diese Geräte (und übrigens nahezu alle weiß leuchtenden LED-Lampen) emittieren. Die Intensität ist in der Regel zu gering, als dass dies eine hormonelle Wirkung hätte. Es geht eher darum, dass uns das abendliche Lesen von Nachrichten aller Art emotional beschäftigt und dadurch beim mentalen Abschalten stört.

Der Schlafraum sollte ruhig, dunkel und angenehm kühl sein, immer wieder erwähnt wird eine ideale Schlafraumtemperatur von 15-18 Grad Celsius.

***

Besonders spannend wird die Thematik rund um das Schlafen, wenn wir uns damit befassen, was in unserem Körper geschieht, wenn wir zu wenig schlafen.

Leonardo da Vinci schlief angeblich nur eineinhalb Stunden pro Nacht und Dschingis Khan im Sattel seines Pferdes. Das kann jeder halten, wie er möchte. Für uns Sportler gilt, dass wir höchsten Wert auf unseren Schlaf legen sollten. Im Alter noch mehr als in jungen Jahren.

Bei den meisten Menschen sind sieben bis acht Stunden pro Tag für eine gesunde Erholung ausreichend. Wer sich körperlich beansprucht, der darf gerne noch einmal zwei Stunden pro Tag draufpacken. Aus Gesprächen mit zahlreichen Profisportlern weiß ich, dass diese in der Regel zehn Stunden täglich anpeilen.

Was geschieht bei Schlafmangel?

»Wenn unser Körper nicht den benötigten Schlaf erhält, gerät er unter Stress«, sagt Professor Erlacher: »Er schüttet das Stresshormon Cortisol aus, das uns in Alarmbereitschaft versetzt und den Körper veranlasst, Energie aus dem Immunsystem abzuziehen. Abbauende Hormone wie Myostatin werden vermehrt ausgeschüttet, sie hemmen das Wachstum und somit die Reparatur unserer Muskulatur. Gleichzeitig werden aufbauende Hormone wie Testosteron oder IFG-1 vermindert ausgeschüttet.«

Wer zu wenig schläft, serviert sich einen Hormoncocktail, der einer effizienten Regeneration konträr entgegenwirkt. Zahlreiche Verhaltensstudien belegten zudem, so Professor Erlacher, dass wir durch Schlafmangel allgemein an Leistungsfähigkeit und Präzision verlören.

Die *REGman*-Studie schreibt dazu: »Die tief greifende Bedeutung von Schlaf für die sportliche Leistungsfähigkeit zeigt sich aber vor allem dann, wenn dieser ausbleibt. Einhergehend mit Schlafmangel zeigen sich Einbußen in Schnellkraft und Ausdauer, Defizite in den neurokognitiven Funktionen sowie eine Beeinträchtigung der körperlichen Gesundheit.«

Ein Tennisspieler der zu wenig schläft, wird also nicht nur schlechter regenerieren, sondern auch noch schlechteres Tennis spielen.

***

Zur Erholung nach dem Sport benötigen wir Ruhe.

Unser Körper braucht Ruhe. Und unsere Seele braucht Ruhe.

»Dabei ist noch immer nicht exakt geklärt«, sagt Professor Erlacher, »welche Rolle der Schlaf wirklich spielt. Auch im Wachzustand können wir erstaunlich effektiv regenerieren. Wenn wir zur Ruhe finden ... und den Sport auch gedanklich ruhen lassen.«

Der US-Forscher Dr. David W. Eccles von der Florida State University hat beschrieben[8], dass wir uns noch schneller und besser erholen, wenn wir an unseren Ruhetagen nicht nur körperlich ruhen. Sondern nicht einmal einen Gedanken an den Sport verschwenden. Wenn wir uns nicht vorhalten, dass wir einen Tag Pause machen. Wenn wir uns am Pausentag nicht damit beschäftigen, was der Trainingsplan für die kommenden Tage bereithält.

Kein Leistungsdenken. Keine Ambition. Kein Stress.

Sich gedanklich derart locker zu machen, ist natürlich gar nicht so einfach. Aber auch das lässt sich trainieren. Anfangs funktioniert das mentale Abschalten vom Leistungsdenken am besten mit Ablenkung. Musizieren. Ein Bild malen. Zeit mit der Familie verbringen. Mit Freunden kochen und ein Spiel spielen. Und natürlich: meditieren.

Warum uns das so guttut? Weil der fortwährende mentale Stress, den wir uns machen oder auch machen lassen, direkte Auswirkungen auf unseren Körper hat.

Unter Stress läuft der Teil unseres vegetativen Nervensystems auf Hochtouren, den wir als Sympathikus bezeichnen. Er zieht Energie aus dem Immunsystem ab, sorgt für einen höheren Pulsschlag, für eine höhere Atemfrequenz und mehr Blut in der Muskulatur.

Wir sind bereit zu kämpfen oder zu fliehen.

Wenn wir runterkommen, übernimmt der Parasympathikus das Steuer. Er senkt die Herzfrequenz, beruhigt die Atmung, entspannt die Muskeln, fährt unser Immunsystem wieder hoch und setzt die Darmtätigkeit in Gang, häufig von einem wohligen Bauchgluckern begleitet.

Wir sind bereit, zu ruhen und zu verdauen.

Auf Adrenalin raus ins Freie, Säbelzahntiger abgehängt, Mammut erlegt und mit Futter zurück in die Höhle. Der Sympathikus hat seinen Job erledigt, der Parasympathikus übernimmt: in Ruhe essen, verdauen, vielleicht noch ein wenig höhlenmalen oder fortpflanzen, und dann hübsch aufs Fell und schön geschlafen. So war es mal gedacht von der Natur.

Die moderne Welt hingegen hält uns den ganzen Tag in Atem. Wir hetzen von Termin zu Termin und dann auch noch zum Sport. Statt Lagerfeuer flackert der Fernseher, und beim Abendessen konzentrieren wir uns auf das, was das Smartphone zu berichten hat.

Der Sympathikus zappelt.

Der Parasympathikus ist genervt vom ständigen Theater und winkt ab.

Was den Stress angeht, kommt mit dem Alter noch ein Aspekt hinzu. Wir tendieren dazu, uns zu viele Gedanken zu machen, insbesondere: negative Gedanken.

Als junger Snowboarder bin ich auf einen Kicker zugefahren und habe mir vorgestellt, wie gut das Gefühl sein wird, wenn ich den Sprung wie geplant stehe. Als älterer Snowboarder fahre ich auf den Kicker zu und stelle mir vor, wie weh es tun wird, wenn ich den Sprung nicht stehe.

Wir machen uns Sorgen, noch ehe Probleme eintreten. Wir ärgern uns über Dinge, die wir nicht ändern können. Und sogar über Dinge, die gar nicht ärgerlich sind.

Ich habe mich heute zum Beispiel darüber geärgert, dass mein Sohn in eine Pfütze gesprungen ist, obwohl ich ihm zuvor gesagt habe, er solle nicht in diese Pfütze springen.

Dabei hat er genau das Richtige getan. Er hatte nämlich einen Riesenspaß dabei.

Ich habe kürzlich beschlossen, mich generell weniger zu ärgern, aber es fällt mir schwer. Vor allem, seitdem ich weiß, dass mein Körper Cortisol ausschüttet, wenn ich mich ärgere. Nun ärgere ich mich darüber, dass ich mich ärgere, wenn ich mich ärgere.

Ich denke, das sollte ich mir schnell wieder abgewöhnen.

Aber ich weiß, wohin die Reise gehen sollte.

Für eine erfolgreiche Regeneration und bestmögliche physische Leistungsfähigkeit benötigen wir nicht nur Phasen körperlicher Entspannung. Wir benötigen auch einen entspannten Geist.

Im Alter ... mehr denn je.

6 IM ZITRONENGARTEN

Es hat geregnet. Die Luft ist klar. Malcesine, der Ort auf der anderen Seite, mag etwa fünf bis sechs Kilometer entfernt sein. Heute erscheint er näher, als er ist, jedenfalls sah er gestern noch nicht so nah aus. Der See liegt glatt vor den Bergen. Weiter hinten, wo die Bergkette in einer sanften Linie abfällt und die Alpen in die Poebene auslaufen, glimmt der Himmel in einer pastellfarbenen Mischung aus Rosa und Blau, als hätte man einen Schuss Milch in die kräftigen Farben des Tages gegeben. Die Turmuhr schlägt neun Uhr abends. Ich stehe im Zitronengarten in Limone an einer Balustrade aus grobem Stein und blicke über den Gardasee.

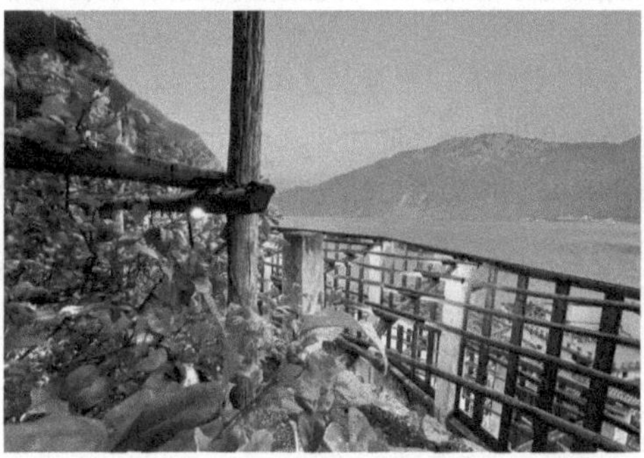

Limone sul Garda ist für seine Zitronen bekannt. Und es ist berühmt für eine abnorme Variante des Apolipoproteins A-1. Das Protein hilft dabei, Cholesterin einzusammeln und zur Leber zu transportieren. So bleiben Venen und Arterien länger und besser in Schuss.

1979 war die Mutation in Mailand entdeckt worden, wohin sich ein Limoneser Bürger zu einer Routineuntersuchung begeben hatte. Der Arzt hatte sich gewundert, weil die ausgezeichneten Blutwerte nicht unbedingt zum genussfreudigen Lebensstil passten, den der untersuchte Mann pflegte. Die inzwischen als *Milano-Protein* bekannte Mutation ist offenbar im 17. Jahrhundert aus einer Laune der Natur heraus entstanden und hat sich über Generationen ausschließlich hier in Limone ausgebreitet, das bis vor einigen Jahrzehnten noch immer schwer zugänglich und deshalb mehr oder weniger von der Außenwelt isoliert war.

Cholesterin ist ein Blutfett. Ein wesentlicher Bestandteil der arteriosklerotischen Plaques, die im Laufe unseres Lebens unsere Blutbahnen verfetten lassen und somit einen Schlaganfall oder Herzinfarkt begünstigen. Wer über ein *Milano-Protein* verfügt, das Cholesterin aus dem Blut fischt, der kann sich ein wenig sorgloser ernähren, als der Rest der Menschheit.

Es gibt aber nur gut 40 Menschen, die bekanntermaßen über dieses Jokerprotein verfügen. Für alle anderen, normalen Menschen gilt: Augen auf bei der Wahl der Nahrungsmittel.

***

Es gibt viele Möglichkeiten, sich zu ernähren. Und es scheint beinahe noch mehr Möglichkeiten zu geben, seine Ernährung zu optimieren.

Jedenfalls behaupten das viele Berater und selbst ernannte Experten.

Es ist nicht so, dass ich mich tagelang mit dem Thema beschäftigt habe.

Inzwischen dürften es Wochen sein.

Das Stichwort *Detox* ist in aller Munde. Es ist viel von Übersäuerung des Körpers die Rede. Geht man diesbezüglich in die Tiefe, wird die Faktenlage allerdings sehr schnell dünn. Wer sich selbst informieren möchte, dem sei das Wörtchen *Evidenz* ans Herz gelegt.

Wer seine Suche in den Suchmaschinen mit diesem Begriff supplementiert, der wird zu anderen Ergebnissen gelangen, als wenn er auf die Evidenz so mancher Maßnahmen verzichtet.

Mir ist wichtig, zu betonen, dass ich die strikte Schulmedizin durchaus kritisch sehe. Weil ich glaube, dass sie in ihrer Spezialisierung mitunter unsere Ganzheitlichkeit aus den Augen verliert und dabei Möglichkeiten außer Acht lässt, die uns helfen könnten.

Zudem werden in unserer Gesellschaft immer wieder Symptome behandelt, ohne die Ursachen zu hinterfragen, ohne den Menschen zu sehen, der dahinter steht.

Drei Beispiele aus meinem Umfeld.

Kürzlich laborierte ich an einem Golfarm, obwohl ich noch nie in meinem Leben Golf gespielt habe. Der Arzt spritzte mir Cortison. Weil es nichts nützte, empfahl er mir eine Stoßwellentherapie, um das Gelenkknöchelchen wieder schmerzfrei zu bekommen. Eine befreundete Physiotherapeutin sagte mir: »Schau dich mal an ... runder Rücken, Schultern vor dem Laptop den ganzen Tag nach vorne gezogen. Das verkürzt dir alles da oben. Dehn mal deinen Brustbereich wieder auf.«

Zwei Wochen später – Golfarm weg.

Eine Bekannte hatte Schmerzen an der Blase. Der Arzt diagnostizierte eine Blasenentzündung, setzte Antibiotika ein. Nach drei Wochen schon das dritte, weil die ersten beiden Medikamente nicht anschlugen. Ein Osteopath stellte fest: »Aufgrund von Rückenschmerzen ist die Haltung gekrümmt. Das hat die Lage des Darms verändert, der drückt auf die Blase. Das rücken wir gerade ...«

Zehn Minuten später – Problem eliminiert.

Eine Freundin litt an einer Autoimmunerkrankung der Schilddrüse. Der Arzt empfahl, die Drüse im Rahmen einer Radiojodtherapie zu töten und den Rest des Lebens Medikamente zu schlucken. Dabei vergaß er, einfach einmal zu fragen, wie es seiner Patientin sonst so geht. Die machte sich selbst Gedanken, veränderte einige Dinge in ihrem Leben, die Druck von ihr nahmen.

Ein Jahr später – Schilddrüse schnurrt wie ein Kätzchen.

Nun also das Thema Ernährung.

Ein Thema, das so vielfältig ist wie unser Körper. Ein Thema, mit dem sich sehr viel Geld verdienen lässt. Ein Thema, bei dem man schnell mal bis zum Ellbogen in die Schlacke greift, wenn man sich in frei zugänglichen Quellen dazu informieren möchte.

Ich habe mich dafür entschieden, zu beschreiben, was belegt werden kann.

Hierfür habe ich Professor Dr. Asker Jeukendrup kontaktiert.

Kennengelernt haben wir uns bei einer Veranstaltung am Rande des Halbmarathons in Lissabon 2008. Seitdem haben wir uns nicht mehr getroffen. Es ist ein schönes Wiedersehen, als Asker mir aus dem Laptop entgegenblickt. An der Wand hinter ihm hängen Trikots des FC Barcelona, des FC Chelsea London und von Red Bull Salzburg. Nur einige der Kunden, die er berät.

Asker gilt als einer der renommiertesten Sporternährungsexperten der Welt. Er lehrt an der Loughborough University, betreut das niederländische Olympiateam für die Spiele in Paris 2024, ist das Mastermind hinter der Sporternährungsstrategie des derzeit weltbesten Radsportteams Jumbo-Visma und hat als aktiver Athlet sechsmal an den Ironman®-Weltmeisterschaften auf Hawaii teilgenommen. Auf den folgenden Seiten soll Asker unser fachlicher Begleiter sein.

***

Ich persönlich beginne den Tag mit einem Zitronenwasser.

Zitrone enthält neben Vitamin C auch reichlich Kalium und Magnesium. Deshalb wirkt Zitronensaft in unserem Körper basisch. Morgens einen halben Liter Wasser aufkochen und auf Trinktemperatur abkühlen lassen. Dann den Saft einer halben Zitrone sowie einen Teelöffel Honig zugeben. So ergibt sich ein Drink, der unsere Verdauung anregen und unserem Körper wohltun soll.

Ich weiß nicht, ob das stimmt. Aber auch Novak Djoković, der erfolgreichste Tennisspieler aller Zeiten, beginnt seinen Tag dem Vernehmen nach mit einem solchen Zitronenwasser.

Es scheint also nicht zu schaden. Und in jedem Fall habe ich damit gleich morgens den ersten halben Liter auf der Habenseite meiner täglichen Trinkbilanz.

Als ich Asker Jeukendrup zu Beginn unseres Gesprächs erzähle, dass ich gerne mit einem Zitronenwasser in den Tag starte, schenkt er mir ein freundliches Lächeln.

Dann geht es an die Fakten.

»Asker, was sollte ich bei meiner Ernährung als älterer Sportler beachten?«

»So viel ändert sich gar nicht. Die meisten Ratschläge behalten ihre Gültigkeit. Ausreichend hydriert zu sein, bleibt essenziell. Bei der Aufnahme von Kohlenhydraten ändert sich nichts, nur dass du vielleicht etwas weniger benötigst. Du solltest möglichst unverarbeitetes Essen zu dir nehmen, frisch und ballaststoffreich, und bei der Aufnahme von Fetten auf hochwertige Öle achten. Was sich mit dem Alter allerdings ändert, ist unser Proteinstoffwechsel.«

»Das bedeutet?«

»Er wird langsamer. Wir entwickeln mit dem Alter eine sogenannte *anabole Resistenz.* Die meisten Studien hierzu sind auf Menschen im Alter von 70 und älter konzentriert, weil sich die Veränderungen hier besonders deutlich bemerkbar machen. Aber wir gehen davon aus, dass diese Entwicklung schon deutlich früher einsetzt, also auch schon mit 40 oder 50 Jahren.«

Normalerweise reagiere unser Körper sehr direkt auf die Einnahme von Proteinen, um damit unser Gewebe, unsere Muskulatur aufzubauen und zu reparieren. Mit dem Alter habe die gleiche Menge an aufgenommenem Protein jedoch nicht mehr den gleichen Effekt.

»Wir müssten also mehr Protein essen. In der Realität nehmen wir aber generell weniger Nahrung zu uns, da wir einen geringeren Ruheumsatz haben. Um sicherzugehen, dass unsere Erholung nach dem Sport nicht leidet, müssen wir als ältere Athleten mehr denn je darauf achten, ausreichend Eiweiß zu uns zu nehmen.«

Wie tun wir das?

Und wie viel Eiweiß ist genug?

Ältere Empfehlungen lägen bei 0,8 Gramm pro Kilogramm Körpergewicht und Tag, dies seien aber Empfehlungen, die darauf abzielten, einen Proteinmangel zu vermeiden. Gehe es darum, die Funktion zu optimieren und die eigene Performance so gut wie möglich zu unterstützen, dürfe man das gerne nach oben korrigieren, meint Asker: »Ich empfehle 1,2 bis 1,6 Gramm hochwertiges Eiweiß pro Kilogramm Körpergewicht, als älterer Sportler auch gerne 1,8 Gramm.«

»Was heißt hochwertig?«

»Tierisches Eiweiß aus Fleisch, Fisch, Eiern und Milchprodukten.«

»Ist es nicht besser, einen Shake zu trinken?«

»Ein Shake kann angenehm sein, weil man genau weiß, was drin ist. Ich bin aber ein großer Fan davon, die Nährstoffe über normale Nahrung zu sich zu nehmen. Ein Stück Hühnerbrust oder drei Eier haben gute 20 Gramm vielseitiges Protein. Hierin sind auch direkt 2 bis 3 Gramm Leucin enthalten.«

»Was ist das?«

»Leucin ist eine der essenziellen Aminosäuren. Sie werden nicht vom Körper produziert, müssen also zugeführt werden. Leucin ist nicht nur ein grundlegender Proteinbaustein, sondern stimuliert auch die Proteinsynthese, es knipst sie sozusagen an.«

»Was mache ich als Vegetarier oder Veganer?«

»Das macht es definitiv schwieriger, hochqualitatives Protein aufzunehmen«, sagt Asker: »Ich würde von 1,8 auf 2,0 Gramm Eiweiß pro Kilogramm Körpergewicht erhöhen. Wenn du dich auf Pflanzenbasis ernährst, brauchst du eine Menge Vollkorn, Hülsenfrüchte, Kartoffeln. Da kann ein Shake mit Erbsen- oder Reisprotein wirklich zur geeigneten Ergänzung werden.«

Ja, aber ... wie macht das denn der Gorilla?

Der Gorilla wird von Verfechtern der veganen Ernährung immer wieder gerne ins Feld geführt: So ein Tier von Affe, mit einem Bizeps wie ein Oberschenkel, wie soll das bitte funktionieren, wenn der sich ausschließlich von Grünzeug ernährt?

Funktioniert so: Ein ausgewachsener Gorilla frisst bis zu 30 Kilogramm Blätter am Tag. Die enthalten nicht besonders viel Protein, aber die Masse macht es. Die in den Blättern enthaltenen Ballaststoffe könnte ein Mensch gar nicht verdauen, der Gorilla hingegen fermentiert die Stoffe und wandelt sie in kurzkettige Fettsäuren um. Feinste Ketose.

Und wie macht das der Elefant?

Der rüsselt sich pro Tag sogar an die 180 Kilogramm Grünzeug ins Gesicht. Das kann er tun, weil er sonst nicht allzu viel zu tun hat. Ein Elefant ist 17 Stunden täglich mit Essen beschäftigt.

Wer seine Nahrungsaufnahme also nicht hauptberuflich betreibt, der darf sich durchaus seine Gedanken machen, wie er die ausreichende Menge an Eiweiß zu sich nimmt.

Für mich persönlich mache ich folgende Rechnung auf: Ich bin sportlich sehr aktiv, betreibe Ausdauersport. Künftig werde ich zudem Gewichte im Studio stemmen, das hat mir Professor Froböse nahegelegt.

Laut Professor Jeukendrup ist aufgrund meines Alters von bald 50 Jahren davon auszugehen, dass ich Protein nicht mehr so effektiv verstoffwechsle wie früher. Ich möchte deshalb 1,8 Gramm je Kilogramm Körpergewicht zu mir nehmen. Ich wiege 75 Kilogramm.

Demnach benötige ich 135 Gramm Eiweiß am Tag.

Das wären etwa 15 Eier. Ich mag Eier, aber so viele esse ich nicht. Ich esse Fleisch, aber nach Möglichkeit nur ein- bis zweimal in der Woche. Dabei geht es auch um den Schutz unseres Planeten. Ich esse gerne Fisch, aber nicht täglich. Ich trinke wenig Milch und esse eher Ziegenkäse. Hülsenfrüchte wie Kichererbsen & Co. esse ich gerne, und auch eine Avocado oder eine Karotte enthalten Protein.

Dennoch scheinen mir 135 Gramm Eiweiß ein anspruchsvolles Tagesziel zu sein.

Generell geht man bei einer ausgewogenen Nahrungsaufnahme von einem Proteinanteil von 15 Energieprozent aus. Um auf 135 Gramm Eiweiß zu kommen, müsste ich etwa 3.600 Kilokalorien täglich zu mir nehmen. Ich glaube, das ist nicht immer realistisch.

Für mich beschließe ich, meine Ernährung mit einem Eiweißshake zu ergänzen. Nicht an den Tagen, an denen ich mir ein schönes Steak gönne, aber an anderen.

Zudem habe ich mir ein Glas mit Kapseln bestellt, die acht essenzielle Aminosäuren beinhalten, darunter Leucin. Diese Pillen nehme ich direkt im Anschluss an eine Sporteinheit, noch im Sattel sitzend oder auf der Laufbahn.

Nach intensiven Einheiten ist es wichtig, dass der Körper über Protein verfügen kann. Entweder hat man das Eiweiß bereits über den Tag verteilt zu sich genommen, oder aber man nimmt es nach der Einheit ein. Die Rede ist meistens von etwa 20 Gramm. Das können 200 Gramm Quark sein, ein paar Kartoffeln mit Ei oder ein Teller Tagliatelle mit Lachs.

Bei mir dauert es manchmal, bis ich nach dem Sport zum Essen komme. Deshalb halte ich mir die Form einer unmittelbaren, ergänzenden

Proteinaufnahme offen. Womit wir direkt zum nächsten Themenblock kommen: den sogenannten *Nahrungsergänzungsmitteln*.

Ein Thema, das es in sich hat.

Oder ... auch nicht.

***

In Bezug auf Nährstoffe gibt es unter Experten den Grundsatz, dass es keinen Nährstoff gibt, dessen Bedarf überproportional zum Energiebedarf ansteigt. Das heißt: Wer mehr Sport treibt, verbrennt mehr und schwitzt so einiges raus. Er braucht also mehr Nährstoffe. Er wird aber auch mehr essen und darüber seinen Mehrbedarf an Nährstoffen aufnehmen und decken.

Dennoch quillt der Markt über.

Mit vielversprechenden Nahrungsergänzungsmitteln.

Was ist davon zu halten?

Ich erzähle Asker, dass mir die additive Einnahme des Coenzyms Q10 empfohlen wurde. »Macht das Sinn?«, frage ich ihn.

»Nein«, sagt er mit einem Lächeln. »Das macht keinen Sinn.«

»Ist das wirklich vollkommen unnötig?«

»Unnötig ist Q10 keinesfalls. Du brauchst es zur Energiebereitstellung in deinen Zellen. Aber du nimmst es automatisch auf und hast genug davon im Körper. Es gibt keine Evidenz, dass die zusätzliche Einnahme von Q10 irgendetwas bewirken würde.«

Das Gleiche gelte für Magnesium, das interessanterweise nahezu ausschließlich in deutschsprachigen Ländern als Nahrungsergänzungsmittel etabliert sei, sagt Asker: »In den meisten anderen Ländern ist Magnesium, auch unter Leistungssportlern, überhaupt kein Thema.«

Warum? Weil man es über die normale Nahrung in ausreichender Form zu sich nimmt und ein Mehr an Magnesium keinen leistungsfördernden Effekt hat.

Vegan lebende Sportler sollten auf Eisen und Kalzium achten, das vor allem über Fleisch und Milchprodukte aufgenommen wird. Ansonsten gilt laut Professor Jeukendrup: »Bei einer ausgewogenen, abwechslungsreichen Mischkost ergibt sich kein Nährstoffdefizit. Demnach benötigen wir – auch als Sportler – keine Nahrungsergänzungsmittel.«

***

Nächster Halt: Basenpulver.

In der Onlinekolumne *#derapotheker*[9] habe ich diesen schönen Absatz gefunden: »Dass ich einem Kunden von magischen Pülverchen zum Entsäuern abriet, war nicht das erste Mal und wird auch ganz sicher nicht das letzte Mal sein. Vor einer Weile sagte ich einem Kunden ebenfalls, dass er sich das Geld dafür sparen könne. Er sah mich überrascht an und forderte, dass wir dieses Zeug dann auch nicht verkaufen sollten, wenn es doch keine nachgewiesene Wirkung habe. Ich antwortete ihm: Wie Sie sehen, versuche ich das gerade.«

Ich selbst habe immer wieder das Gefühl, übersäuert zu sein. Offenbar habe ich mir das allerdings einreden lassen. Eine Störung meines Säure-Basen-Haushalts ist unwahrscheinlich.

»Die Säure-Basen-Balance in unserem Körper ist präzise reguliert und über ein hocheffektives Puffersystem gesichert«, erklärt mir Professor Jeukendrup: »Wir haben mal versucht, den ph-Wert unserer Radfahrer von Jumbo-Visma so zu beeinflussen, dass wir sie basischer in ein Zeitfahren schicken können. Wir mussten ihnen eine komplette Handvoll Natriumbicarbonat geben, um im Blut auch nur die geringste messbare Veränderung feststellen zu können.«

Unser Stoffwechsel produziert fortlaufend Säure. Überschüssige Säureionen können wir relativ spontan über unsere Lunge loswerden, und zwar über das saure Kohlendioxyd (CO_2). Ansonsten scheidet vor allem unsere Niere die Säure aus. Deshalb ist unser Urin in der Regel sauer, er kann bis zu tausend Mal saurer sein als unser Blut. Wenn ein Teststreifen aus der Apotheke also sauer ist, heißt das nicht, dass wir übersäuert sind. Es bedeutet lediglich, dass unser System funktioniert.

Ein gesunder Mensch ist nicht übersäuert. Das schafft er nicht mit saurer Ernährung. Und er verschafft sich auch keine Abhilfe mit einem Basenpulver. Die Sprecherin der Deutschen Gesellschaft für Ernährung (DGE) sagte mir dazu: »Eine durch die Ernährung verursachte Übersäuerung ist bei Gesunden nicht zu befürchten. Verschiedene Puffersysteme unseres Körpers regulieren die Säure-Basen-Konzentration im Blut und halten sie konstant. Zusätzliche ‚basenfördernde' Nahrungsergänzungsmittel einzunehmen, ist unnötig.«

Dennoch ist es wichtig, auf den Unterschied zwischen basischen und sauren Lebensmitteln zu achten. Säurebildend wirken Fleisch, Wurst, Fisch, Eier und Käse sowie Brot oder Nudeln. Basenbildend sind typischerweise Obst und Gemüse.

Muss unsere Niere ständig eine hohe Säurelast ausscheiden, schüttet unser Körper offenbar vermehrt das Stresshormon Cortisol aus. Jüngste Studien[10,11] legen nahe, dass dies den Blutdruck auf Dauer steigen lasse, somit Herz-Kreislauf-Erkrankungen begünstigen und auch das Skelettsystem beeinträchtigen könne.

Ich bin also nicht übersäuert? Warum habe ich dann rote Pusteln auf der Haut über dem Solarplexus? Oder schuppende Haut hinter den Ohren? Immer dann, wenn ich mal wieder ein paar Tage weniger auf meine Ernährung Acht gegeben habe? Mir viel zu viel Kaffee reingeschüttet und Fertigpizza und danach noch lauter Süßigkeiten gegessen habe?

»Deine Beobachtungen sind mit Sicherheit korrekt«, sagt Asker Jeukendrup, »und ich gehe auch davon aus, dass sie mit deiner Ernährung zusammenhängen. Es dürfte aber eher ein Hinweis auf Entzündungen in deinem Körper sein, die von stark verarbeiteten Lebensmitteln begünstigt werden.«

Fast Food, Backwaren aus Weißmehl mit viel Zucker, nährstoffarme Fertigprodukte, hoch erhitzte Öle, Farb- und Konservierungsstoffe, Süßungsmittel, Geschmacksverstärker ... das ist das Zeug, das Entzündungen in unserem Körper begünstigt. »Mit dem Alter ist man anfälliger, Entzündungen zu entwickeln«, sagt Asker. »Ein Grund mehr auf gesunde, frische Nahrung zu achten.«

***

In den vergangenen Jahren hat so einiges an *Superfood* den Weg in unsere Supermärkte gefunden. Es müssen aber mitnichten erstaunliche Körner, Wurzeln oder Beeren aus aller Welt sein. Super Essen gibt es auch hierzulande, und zwar schon länger:

Himbeeren wirken antientzündlich. Heidelbeeren antioxidativ. Sauerkirschen auch. Öle von Walnuss oder Leinsamen enthalten mehrfach ungesättigte Fettsäuren, die unseren Zellen wohltun. Eine heimische Bachforelle liefert beste Omega-3-Fettsäuren. Und dann gibt es da noch ein weiteres Superfood, das unseren Organismus aus der Tiefe seiner selbst erfrischt: stilles, klares Wasser.

Was noch? Asker empfiehlt Probiotika und Präbiotika, wie sie in Joghurt enthalten sind, um eine gesunde Darmflora aufzubauen.

Ansonsten gilt das Motto: regional, saisonal, bunt, natürlich, echt ... und alles wird gut.

***

Gibt es denn gar kein Zaubermittel?

Doch, das gibt es! Wir tragen es bereits ins uns.

Unser Körper beherrscht das Phänomen der Selbstverjüngung. Während wir hier draußen ein Riesengeschrei um das Thema Recycling machen, erneuern wir uns dort drinnen schon seit jeher auf faszinierende Weise wie von selbst.

Es geht um das kleine Wunder der *Autophagie*. Der Körper umgibt gealterte, funktionslose oder falsch zusammengebaute Zellbestandteile mit einer passgenauen Membran. Innerhalb dieser temporär angelegten Hüllen zersetzen Enzyme den Zellmüll und stellen die Grundbestandteile zur Wiederverwertung bereit. Unsere Zellen werden wieder effizienter. Alte und defekte Mitochondrien werden entsorgt, gut funktionierende Mitochondrien vermehren sich.

Das alles ist kein Hokuspokus. Sondern ein biochemischer Prozess, für dessen exakte Beschreibung der japanische Forscher Yoshinori Osumi 2016 den Nobelpreis erhielt.

Damit unser Körper seine Fähigkeiten zur Zellreinigung anwenden kann, müssen wir ihm den Raum dazu lassen: Um die Autophagie zu starten, verlangt unser Körper nach einer Nahrungspause von etwa 14 Stunden und mehr. Das ist nicht unnatürlich, sondern eher sehr natürlich. Die Natur hat unseren Körper nicht dafür entwickelt, fortlaufend vor einem Kühlschrank zu stehen und zu futtern.

Wer sich ein mehrtägiges Fasten nicht zutraut, dem sei die Form des Intervallfastens empfohlen. Auch dabei schafft man seinem System den benötigten Freiraum, um die Autophagie hochzufahren und eine Zellerneuerung durchzuführen.

Mögliche Variante: Abendessen bis spätestens 20 Uhr. Kein Frühstück (schwarzer Kaffee ist okay). Mittagessen dann ab 12 Uhr. Andere Variante: das Abendessen durch eine Gemüsebrühe ersetzen.

Muss auch gar nicht täglich sein. Hin und wieder reicht.

Hauptsache, der Körper hat mal 14 bis 16 Stunden für sich alleine.

Zeit, die er genießen ... und für sich nutzen wird.

***

Zeit für einen Wissensschluck in Sachen Flüssigkeitsmanagement.

Wer schwitzt, braucht mehr Flüssigkeit. Die Schweißrate variiert extrem, ein Sportler kann pro Stunde zwischen 0,3 und 2,5 Liter verlieren. Wer wissen will, wie viel er ungefähr schwitzt, der kann sich vor und nach einer Einheit wiegen. Grad der Anstrengung und Außentemperatur sind allerdings zusätzliche Parameter, die sich von Tag zu Tag unterscheiden werden.

Ebenso individuell wie die Schweißmenge ist deren Zusammensetzung, wie viel Natrium und andere Mineralstoffe (Elektrolyte) also im Schweiß enthalten sind.

Bei Einheiten von bis zu einer Stunde reicht es in der Regel, im Anschluss zu trinken. Während längerer Belastungen muss man trinken. Bei langen Belastungen von mehreren Stunden sollte man elektrolythaltig trinken. Wichtig: Der Körper braucht irgendwann Salz (Natrium).

Die Deutsche Gesellschaft für Ernährung (DGE) sagt: »Flüssigkeitsdefizite von 2-4 Prozent des Körpergewichts gehen mit Beeinträchtigungen der Ausdauer, Kraft und kognitiven Leistungsfähigkeit einher. Prinzipiell sollten sich Sportler am Durstgefühl orientieren.«

Zur Orientierung im Alltag könne die Farbe des Urins herangezogen werden, welcher »bei ausgeglichener Flüssigkeitsbilanz hellgelb ist«.

Ich halte mir immer vor Augen, dass ich zu mehr als 50 Prozent aus Wasser bestehe. Das hilft mir dabei, meiner Hydrierung die verdiente Aufmerksamkeit schenken.

Noch ein kleiner Tipp: Es soll ja Männer geben, die mit zunehmendem Alter häufiger in Richtung Toilette stromern. Das ist nicht gut für den Schlaf. Ich versuche deshalb, schon früh am Tag einen guten Liter oder mehr getrunken zu haben. Das nimmt mir den Druck, am Abend meine Trinkbilanz ausgleichen zu müssen ... und dann mal wieder nachts unterwegs zu sein.

***

Ein Thema, das wir in aller Klarheit abfrühstücken können: Vertragen sich Alkohol und Sport? Leider nein. Und zwar gar nicht. Alkohol hemmt die Ausschüttung von Wachstumshormonen, dehydriert unseren Körper, stört das Immunsystem und die Erholsamkeit unseres Schlafs.

Wer ein Gläschen genießen möchte, der soll das tun.

Wer sich von einer sportlichen Aktivität erholen möchte, der sollte das nicht tun.

Um das Nervengift Alkohol abzubauen, benötigt der Körper je nach Veranlagung und Übung rund eine Stunde für 0,1 bis 0,15 Promille. Wer also mit 1,0 Promille ins Bett geht, beschäftigt sich die komplette Nacht damit, den Alkohol loszuwerden, ehe sich seine Leber mit der nachpriorisierten Milchsäure beschäftigt. Die Regeneration wird massiv gestört.

Hinzukommen irreparable Schäden. Zunächst stört Alkohol zwar nur die Kommunikation zwischen einzelnen Gehirnzellen und tötet diese nicht direkt ab (wie häufig behauptet), eine Schädigung von Organen kann aber zu einer hohen Konzentration von Ammoniak im Blut führen und das lässt unsere Gehirnzellen dann doch irgendwann absterben.

Wissenschaftler aus der universitären Arbeitsgruppe des Mainzer Kardiologen Prof. Dr. Philip Wenzel haben zudem beschrieben[12], dass Alkohol die Mitochondrien des Herzmuskels von ihrer Arbeit abhält. Durch das Fehlen von Energie werde »zunächst die Fähigkeit der Herzmuskelzellen zum Zusammenziehen beeinträchtigt. Im weiteren Verlauf sterben die Zellen ab und werden durch Narbengewebe ersetzt. Es kommt zur irreparablen Schädigung des Herzmuskels und somit zur chronischen Herzinsuffizienz«.

Ich persönlich trinke im Alltag wenig Alkohol. Mal ein Bierchen zur Entspannung oder ein Glas Wein, wenn es zum Essen passt. Das reicht mir vollkommen und hat den positiven Begleiteffekt, dass die belustigende Wirkung als Gelegenheitstrinker bereits bei viel geringeren Mengen einsetzt.

Kommt dann doch mal ein rauschendes Fest oder ein alter Freund mit einer Flasche Scotch um die Ecke, dann versuche ich, nebenbei viel Wasser zu trinken, mich am nächsten Tag auf meine Erholung zu konzentrieren und nicht - aus einem schlechten Gewissen heraus - mit einer intensiven Sporteinheit nachzutreten.

Also prost! Aber leider nicht zum Wohl.

***

Kommen wir zum Ende dieses Kapitels noch einmal zurück nach Limone, wo es übrigens einen ausgezeichneten *Limoncello* gibt.

Ich blicke auf rote und braune verwitterte Ziegel. Mit seinen schrägen Winkeln und abgewetzten Dächern macht der Ort weniger den Eindruck, als läge er am See. Es sieht eher so aus, als eckte er an.

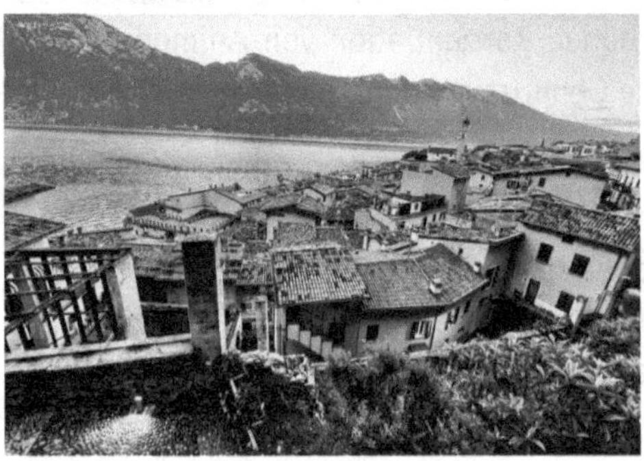

Gegenüber liegt der Monte Baldo. Als Kind war ich häufig hier in der Region. Zu Ostern waren wir immer Skifahren. Ich habe es geliebt, es gab eine Kante, auf die man zufuhr, als würde man dahinter direkt in den See springen. Das Skigebiet am Baldo hat zugemacht.

Dort oben gibt es kaum noch Schnee.

Unsere Welt verändert sich. Wir verändern uns.

Und vieles haben wir in eigener Hand.

Als älter werdende Sportler können wir unserem Körper auf vielerlei Weise unter die Arme greifen. Wir können ihn mit gezieltem Training stärken, wir können ihm mit einer achtsamen Art zu regenerieren, die nötigen Ruhepausen verschaffen. Wir können ihm mit einer geeigneten Auswahl an Nahrungsmitteln zur richtigen Zeit die richtigen Nährstoffe zukommen lassen.

Schlussendlich mag es ein gutes Rezept sein, sich auf sein Bauchgefühl zu verlassen. Vor ein paar Tagen habe ich mich an einem Pilzragout mit Polenta versucht und das Ganze meinem dreijährigen Sohn aufgetischt. Er besah sich den Teller mit kritischem Blick.

Dann sagte er: »Ich glaube, ich bin lieber satt.«

TELL YOUR SOUL

7 BEI DEN SHAOLIN

Das Kloster der Shaolin liegt am heiligen Berg Song Shan in der Provinz Henan im Herzen Chinas. Es ist der Ort, an dem der Chan-Buddhismus und das legendäre Shaolin-Kung-Fu entstanden.

Von hier stammt Großmeister Shi Yong Chuan, der am Fuße des Berges unter dem *weltlichen* Namen Li geboren wurde. Der junge Li ging häufig mit seinem Vater, einem Heilkräuterpflücker, ins Gebirge und begleitete ihn auch ins Kloster, um dort Opfer darzubringen. Ein alter Mönch sagte Lis Eltern, dass er das Kind für eine außergewöhnliche Persönlichkeit halte. Dem kleinen Li erzählte er davon, dass ein guter Mönch die Menschen von ihren seelischen Krankheiten befreien könne, dass er Verirrte wie ein Fährmann über das Meer der Leiden führe.

Seit diesem Gespräch mit dem alten Mönch keimte der Wunsch in Li, sein Leben selbst als Mönch zu verbringen. Trotz eines ausgezeichneten Schulabschlusses verzichtete er auf die Möglichkeit, zu studieren. Stattdessen verabschiedete er sich im Alter von gerade einmal 17 Jahren von seinen Eltern und ging zum Shaolin-Kloster.

Es heißt, er habe seine Probezeit mit auffälliger Geduld und Beharrlichkeit bestanden. Als ihm bei der Weihe zum Mönch mit Räucherstäbchen zwölf Ordinationsnarben in die Kopfhaut gebrannt wurden, fiel er, so wird berichtet, mit außergewöhnlicher Ruhe auf.

Seit diesem Tag gehört Li zur 33. Generation der Shaolin-Mönche. Sein neuer Name lautet *Shi Yong Chuan*. Das bedeutet, »die Shaolin-Kultur mit Chan-Buddhismus als Kern immer weitergebend«.

Shi Yong Chuan reiste mehrere Jahre durch China, um von buddhistischen Meistern zu lernen. 2002 wurde er vom Abt des Shaolin-Klosters mit der Aufgabe betraut, als Großmeister einen Shaolin-Tempel in Deutschland aufzubauen, um den buddhistischen Glauben als ranghöchster Shaolin-Mönch Europas auch in diesem Teil der Welt zu verbreiten.

***

Ich stehe am Hauptbahnhof in Berlin. Hier denke ich immer, ich wäre Teil eines Wimmelbildes. Ich bin froh, als ich die Hektik hinter mir lasse. Der Plan ist, mit dem Rad ins Havelland zu fahren, um dort im *Shaolin-Tempel Deutschland* an einem *Qi-Gong*-Seminar teilzunehmen.

Die buddhistischen Kampfmönche der Shaolin sind berühmt für ihr hartes, körperliches Training. Die enge Verbindung aus physischer und mentaler Kraft interessiert mich. Deshalb habe ich Großmeister Shi Yong Chuan kontaktiert und ihm von meinem Buch über das Älterwerden erzählt.

Er hat mich eingeladen, das Seminar zu besuchen und ihn zu treffen.

Die Wege in Richtung Charlottenburg sind in einem miserablen Zustand. Über Spandau geht es nach Falkensee und weiter ins flache Land. Zunehmend vereinsamte Dörfer. Häuser blicken mit leeren Fenstern nach draußen. Ganze Ortschaften wirken wie zurückgelassen.

Immerhin werden nun die Radwege besser, teils auf der Straße geführt, teils auf eigenen Wegen. Ich habe Rückenwind und komme gut voran, über Nauen bis nach Friesack. Hier biege ich ab auf einen verspielten Radweg, der mit leichtem Auf und Ab und lustigen Richtungsänderungen durch einen Birkenwald kurvt.

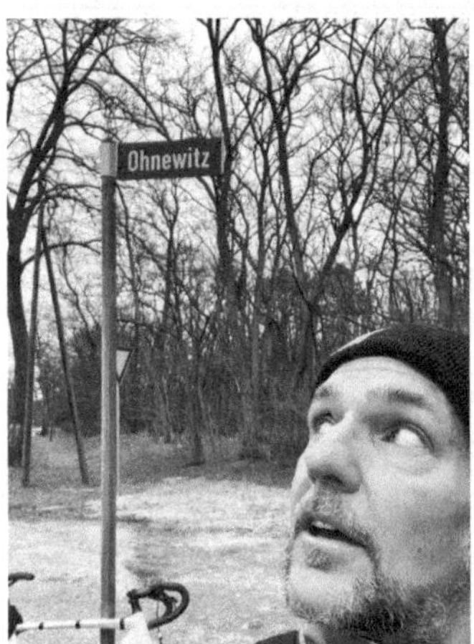

Kurz vor Ende meiner Tour passiere ich einige Häuser im Wald, eine Einöde mit dem Namen *Ohnewitz*. Natürlich steige ich ab und mache ein Foto.

Nach 94 Kilometern und knapp vier Stunden im Sattel erreiche ich die Gemeinde Gollenberg und den *Shaolin Tempel Deutschland*, ein Gehöft aus mehreren Backsteingebäuden. Es gibt ein Haupthaus mit Übungsraum und Esszimmer, ein Gästehaus mit einigen einfach eingerichteten Zimmern. Dazu einen weitläufigen Garten mit einem Birnbaum und einem Walnussbaum.

Die Gruppe der Teilnehmenden setzt sich aus neun unterschiedlichen Charakteren zusammen, die aus Berlin und ganz Deutschland angereist sind. Frauen und Männer, von eher jung bis alt, Geübte und Ungeübte, einige wissen genau, was sie erwartet, andere haben - so wie ich - keine Ahnung.

Nach der Begrüßung durch Großmeister Shi Yong Chuan, einer gemeinsamen Tasse Tee und einem einstündigen Spaziergang begeben wir uns in den Übungsraum. In einer Einbuchtung ist ein Altar aufgebaut, mit einer Statuette von Bodhidharma, dem Vater des Chan-Buddhismus, mit kalligrafischen Rollen und einigen weiteren Devotionalien.

Es ist Zeit für die abendliche Chan-Meditation. *Chan* bedeutet *meditative Versenkung*.

***

Meine erste Meditation wird von weltlichen Unannehmlichkeiten begleitet. Es scheint so, als habe ich mir auf dem Weg nach Gollenberg den Penis gequetscht. Ohne Witz.

Das Rad, mit dem ich aus Berlin angefahren kam, ist ein sogenanntes *Singlespeed*. Man könnte auch *Hipsterbike* dazu sagen. Es verfügt über keine Gangschaltung und ist eher für den stilbewussten Ortswechsel innerhalb einer Stadt vorgesehen. Leichter Karbonrahmen, schick und schnittig. Der Sattel ist allerdings nicht für langes Sitzen ausgelegt. Zudem trug ich keine im Schritt gepolsterte Radsporthose. Mein Rucksack mit den Habseligkeiten fürs Wochenende mag erschwerend hinzugekommen sein und den Druck noch zusätzlich erhöht haben.

Als ich nach dem Teetrinken beim Pinkeln stehe, spüre ich einen scharfen Schmerz, der mir das Leeren meiner zweifellos gut gefüllten Blase unmöglich macht.

Ich verfüge über keine urologische Expertise und habe das im Nachhinein auch nicht mehr geprüft, aber ich gehe davon aus, dass ich mir während der vier Stunden im Hipstersattel die Harnröhre plattgesessen habe.

Nun hocke ich mit randvoller Blase auf meinem miserabel gedehnten Gluteus und versuche, zu meditieren.

Nicht nur mein Körper hat Probleme mit dem Stillsitzen.

Auch mein Geist kommt mit dem Innehalten nicht besonders gut zurecht.

Ich überlege, wie oft ich in den vergangenen sechs Monaten meine Beine und meine Hüfte gedehnt habe und komme auf viermal. Dann überlege ich, wie oft ich die empfohlene Meridiandehnung vorgenommen habe und komme auf keinmal. Ich mache mir Gedanken darüber, dass ich mir jetzt eigentlich keine Gedanken machen sollte. Deshalb versuche ich, in meinen Körper zu spüren. Mein Membrum pocht. Ich frage mich, ob ich mir doch eher eine Blasenentzündung eingefangen habe, was ich aber nicht sagen kann, da ich noch nie eine Blasenentzündung hatte und nicht weiß, wie sich das anfühlt. Zudem denke ich mir, dass die Blase etwas tiefer im Körper sitzen müsste, während die Schmerzen beim Wasserlassen an vorderster Front auftraten. Ich versuche, meine Gedanken weg von der Blase zu lenken und stelle mir einen roten Luftballon vor, der in die Luft steigt und in warmem Licht schwebt, so wie damals in Bagan, wo wir bei Sonnenaufgang auf der Mauer eines Tempels saßen und das Schauspiel der Heißluftballons verfolgten, die zu

Dutzenden über den Himmel trieben, was wir von unten und nicht aus dem Korb eines Ballons erlebten, weil diese Raffzähne von halbstaatlichen Organisatoren in Myanmar für eine Ballonfahrt von 45 Minuten tatsächlich 600 US-Dollar für zwei Personen aufriefen, was wir dankend ablehnten, wobei die Frage ist, ob es sinnvoller investiertes Geld ist, für 600 Euro zwei Nächte in einem Familienhotel abzusteigen, was wir kürzlich taten, weil wir uns davon ein wenig Ruhe vor unserem Sohn erhofften, den ich heute unbedingt mit einem Videotelefonat ins Bett verabschieden wollte, was knapp werden könnte, weil es jetzt wahrscheinlich schon gegen 20 Uhr sein müsste, was ich gerne verifizieren würde und mich zur Überlegung führt, ob ich es bringen kann, jetzt einfach die Augen zu öffnen, um auf meine Uhr zu blicken, was mich auch deshalb interessieren würde, weil ich dabei prüfen könnte, ob mein Pulsschlag hier beim Meditieren gerade niedrig oder doch eher normal ist, oder eben überdurchschnittlich hoch, da mir so langsam wirklich alles wehtut, ich verwerfe meinen Plan aber, weil ich mich nicht vom Großmeister dabei erwischen lassen möchte, wie ich während unserer Meditation auf die Uhr sehe, wobei die Frage ist, was davon zu halten wäre, wenn ich nun die Augen öffne und auf die geöffneten Augen des Meisters treffe, der hier schließlich allen voran in der meditativen Versenkung verschwinden müsste und deshalb kaum die Augen geöffnet haben wird, aber darauf möchte ich mich nicht verlassen, denn wer weiß, was den Meister als Vorsitzenden dieser Gruppe von Anfängern umtreibt, vielleicht meditiert er gar nicht mit uns oder mit sich oder wie das dann im Einzelfall abläuft, und so warte ich lieber und lausche den Geräuschen und freue mich darüber, wenn ich aus anderen Teilen des Raums ein leises Stöhnen oder wenigstens ein schweres Atmen verzeichne, weil es mich zu der Annahme bringt, dass ich nicht der Einzige bin, der den zunehmend dringlichen Wunsch verspürt, dass diese Meditation hier so langsam zu ihrem Ende finden möge.

Schließlich findet die Meditation zu ihrem Ende. Ich nehme für mich mit, dass ich damit beginnen muss, meine Hüfte zu dehnen. Und dass ich in Sachen *meditativer Versenkung* noch Luft nach oben habe.

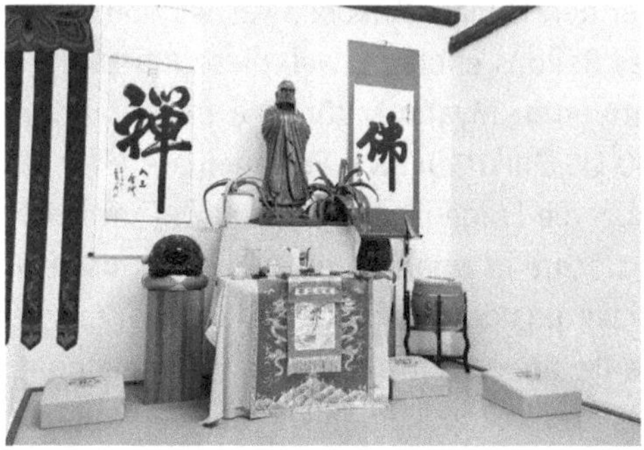

Um dies nachzureichen: Vor dem Ins-Bett-Gehen funktioniert das Wasserlassen. Von Schmerzen begleitet, aber es läuft.

Ich bin erleichtert. Auf meiner Matratze liegend, stelle ich mir einen gestreiften Gartenschlauch vor, der sich zu einer Röhre zurückformiert, nachdem ihn jemand plattgetreten hat.

Dann schlafe ich ein.

***

Der nächste Tag beginnt früh. Es wird ein langer Tag.

Wie ich nun erfahre, ist dies hier in Gollenberg ein Seminar für das *Shaolin Xi Sui Jing*, eine Form des Qi-Gong, die bis vor wenigen Jahren noch der klösterlichen Geheimhaltung unterlag und über Jahrhunderte ausschließlich von Mönch zu Mönch weitergegeben wurde.

Das Praktizieren des *Xi Sui Jing* soll durch die sanfte Dehnung und Streckung der Wirbelsäule die körpereigene Reinigung des Knochenmarks anregen und die Selbstheilungskräfte stimulieren.

Ziel der Übung ist es, den eigenen Atem in innere Energie umzuwandeln, die Energieflüsse im Körper zu spüren und ins Fließen zu bringen.

Zwölf Formen sind zu erlernen. Und das kann dauern, denn die Sache ist einigermaßen kompliziert. Jede Form besteht aus einer Vielzahl von Bewegungsabläufen von Rumpf und Armen.

Die Übungen werden größtenteils im Sitzen durchgeführt, idealerweise im Lotussitz. Ich beginne im Schneidersitz auf einem Meditationskissen und sitze bald auf zwei Matten und vier stützenden Kissen, um die Formen wenigstens einigermaßen korrekt mit der notwendigen Körperspannung ausführen zu können.

Unterrichtet werden wir vom zweiten anwesenden Mönch, Großmeister Shi Yong Dao. Sein Name bedeutet *ewiger Weg*. Shi Yong Dao hat ein rundes Gesicht. Er wirkt sehr zufrieden mit sich und der Welt und strahlt eine ansteckende Lebensfreude aus, obwohl er nicht viel sagt.

Beim Qi-Gong weicht sein Dauerlächeln dann einer konzentrierten Ernsthaftigkeit.

Der Großmeister macht vor.

Und wir machen nach.

Einige der Kursteilnehmer sind erfahren in Qi-Gong oder Tai-Chi oder auch in beidem und können dem Meister erstaunlich gut in seinen Bewegungen folgen. Ich bin noch immer vornehmlich darum bemüht, nicht im Sitzen umzukippen. Aber ich gebe mein Bestes.

Was hier geschieht, ergreift mich. Die innere Kraft des Meisters ist durch den Raum zu spüren, ich habe noch nie erlebt, dass mich eine Person nur aufgrund der Art und Weise beeindruckt, wie sie atmet.

Form für Form geht es voran. Die Abläufe sind komplex, immer wieder verharren wir in anstrengenden Positionen. Der Meister läuft von Teilnehmer zu Teilnehmer und greift mit sanfter Hand korrigierend ein. Meine Muskulatur in Rücken und Schulter beginnt zu brennen. Nach zwei Stunden haben wir drei Formen erlernt, von der ich allerdings keine alleine wiederholen könnte.

Ich bin geschafft. Leider muss ich das erhoffte Nickerchen über die Mittagspause streichen. Der Abt des Tempels möchte, dass wir den Hof fegen und Gartenarbeit verrichten.

Die beiden zur Verfügung stehenden Besen sind schnell vergriffen, deshalb beteilige ich mich daran, abgebrochene Äste vom Birnbaum zu einer Feuerstelle zu tragen.

Das Ganze hat eher den Charakter einer improvisierten Maßnahme, um arbeitsamen Tempelflair zu kreieren. Aber das ist okay. Die Sonne scheint, die Stimmung ist gut, und während ich knorrige Äste umhertrage, erzählt mir der 77-jährige Günni aus Berlin, der einen langen weißen Bart trägt und schon einige Monate als Gast im Shaolin-Kloster in China verbringen durfte, dass er sich seinen Pak Choi am liebsten mit viel Knoblauch sowie Chili und etwas Koriander zubereite.

Nach dem Mittagessen, es gibt Reis mit Tofu und Brokkoli, folgen weitere zwei Stunden des *Xi-Sui-Jing*-Praktizierens. Es bleibt anstrengend. Mit der sechsten Form oder auch *sechsten Welle* kommt aber ein Lichtblick.

Der Meister beschreibt uns eine Übung, bei der wir uns gedanklich in ein beschauliches Umfeld versetzen sollen: »Ihr sitzt in einem Boot. Das Klima ist mild, es hat angenehme 20 Grad. Das Boot liegt in einem Teich, der leicht in Bewegung ist. Die Luft ist klar und frisch. Der Duft von Blumen ist zu riechen. Jetzt durch die Nase einatmen. Spüren, wie die Energie des Atems nach oben fließt. Die Luft vom Bauch durch die Wirbelsäule bis unter die Schädeldecke ziehen. Dann ausatmen. Jetzt fließt die Luft aus dem Mund und die Energie sinkt wieder hinab bis in den Bauch. Innehalten und wieder von Neuem durch die Nase atmen. Von unten nach oben und wieder runter. Das ist der Kreislauf, die Energie fließt immer in diesem Kreis.«

Anfangs abstrakt, gewinnt das Atmen mit jeder Wiederholung an Spürbarkeit. Ich genieße es. Durch die Konzentration auf den Kreis des Atmens in meinem Oberkörper lasse ich andere Gedanken beiseite und finde zur Ruhe.

Es hat einen kurzen Regenschauer gegeben. Das Dach im Übungsraum ist an einer Stelle undicht, und das Wasser tropft regelmäßig in einen Plastikeimer.

***

Großmeister Shi Yong Chuan, Abt des Tempels, ist 54 Jahre alt.

Er hat ein kindliches Lachen. Wenn er lacht, dann lacht das ganze Gesicht. Er bewegt sich leichtfüßig, beinahe schelmenhaft, als könnte er jede Sekunde in die Luft springen.

Gertenschlank, aber nicht dürr. Athletisch, ohne muskulös zu wirken.

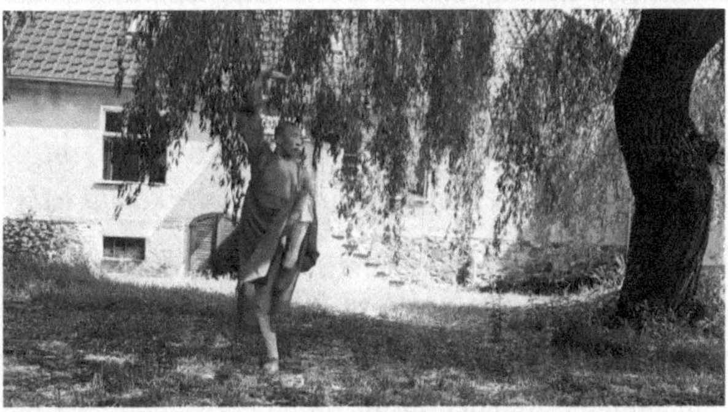

Abends treffen wir uns zum gemeinsamen Spaziergang. Es ist dunkel, und wir spazieren mit der Gruppe in die Nacht. Ich laufe neben Shi. »Wie viel meditierst du am Tag?«, frage ich ihn. – »Nicht viel«, sagt er. »Vielleicht zwei Stunden.«

Wir gehen einige Schritte, dann beginne ich, meine vorbereiteten Fragen zu stellen. Wir haben verabredet, uns über das Älterwerden zu unterhalten. Ich habe dem Meister gesagt, dass ich mir seinen Rat wünsche.

»Shi, ist Altwerden etwas Gutes?«

»Du wirst geboren und wächst heran. Du wirst stärker, entfaltest deine volle Kraft und wirst wieder schwächer, bis dein Leben mit dem Tod vollendet wird. Altwerden ist weder gut noch schlecht. Es ist Teil unserer Existenz, Teil des Lebens. Es gibt keinen Grund dafür, das Altwerden zu werten.«

Wir wandern in die Dunkelheit. Die letzten Häuser der Ortschaft liegen hinter uns. Der Weg scheint ins Nichts zu führen. Über uns greifen Bäume mit schwarzen Zweigen in die Nacht.

»Wie erlebst du die Vergänglichkeit des Körpers?«, frage ich.

»Ich erlebe sie, aber sie steht nicht in meinem Fokus«, sagt Shi. »Im Buddhismus ordnen wir dem Fleisch eine nachgeordnete Rolle zu. Unser Körper ist nicht so wichtig. Er wird eines Tages von uns gehen. Mit der Geburt erhalten wir wieder einen neuen Körper. Was bleibt, ist unsere Seele.«

»Aber warum trainiere ich als Shaolin meinen Körper ...«, setze ich nach, »wenn ich doch einen neuen kriege, sobald der alte kaputt ist?«

»Als Shaolin-Mönch bin ich vor allem Buddhist«, sagt Shi. »Um Buddhismus zu praktizieren, benötige ich einen gesunden Körper. Als schwacher oder gar kranker Mensch kann ich meinen Mitmenschen nicht behilflich sein. Zudem kann ich weniger gut meditieren. Als gläubiger Buddhist ist es deshalb meine Pflicht, auf meinen Körper zu achten. Beim Training der Shaolin geht es zudem darum, Vertrauen zu sich selbst aufzubauen. Diszipliniert zu sein. Stark zu sein. Und aus diesem Bewusstsein Kraft zu schöpfen. Ich stehe jeden Tag um fünf Uhr auf. Jeden einzelnen Tag. Ausdauer basiert auf Kontinuität. Daher trainiere ich nicht nur heute. Sondern auch morgen, übermorgen und jeden folgenden Tag. Meine Willensstärke trainiert meinen Geist. Dies wiederum eröffnet mir neue Möglichkeiten, ausdauernd zu meditieren.«

»Spürst du beim Meditieren, dass dein Körper schwächer geworden ist?«, frage ich.

Wir gehen einige Schritte, ehe der Meister antwortet. Er läuft weder langsam noch schnell, zügig und doch in aller Ruhe. Er scheint zu wandeln, während ich marschiere.

»Ich trage nicht mehr die gleiche Energie in meinem Körper«, antwortet Shi nach kurzer Bedenkzeit: »Beim Meditieren oder bei der Qi-Gong-Praxis habe ich früher nach etwa 20 Minuten starke Energieströme in mir wahrgenommen. Heute geschieht das langsamer und weniger intensiv. Ich kann 40 Minuten meditieren ohne eine Veränderung meiner inneren Energie zu spüren.«

»Vermisst du deine Energie?«

»Oh nein, ich finde es eher angenehm. Ich habe weniger Energie in mir, muss aber auch mit weniger Energie umgehen. Das vereinfacht vieles. Wenn ich heute meditiere, dann vor allem, um die Ruhe zu genießen. Das funktioniert besser als in jungen Jahren. Ich erlebe ein entspanntes Dasein und spüre mehr inneren Frieden als früher.«

»Aber waren das nicht aufregende Zeiten ... so voller Energie?«, frage ich.

»Ich blicke nach vorne«, sagt Shi. »Was war, das ist mir nicht so wichtig.«

Am Himmel sind die Sterne zu sehen. In der Zeitung stand, dass in diesen Tagen die Venus ungewöhnlich klar von der Erde aus zu erblicken sei. Tatsächlich steht die Venus auffallend hell dort oben. Ebenso zu erkennen ist das Sternbild des Orion.

Ich habe mal gelesen, dass wir als hellsten Stern des Orion den Beteigeuze sehen. Er ist mehrere hundertmal größer als unsere Sonne. Aufgrund seiner Größe nennt man den Beteigeuze einen *Roten Überriesen*. Da seine Helligkeit abnimmt, geht man davon aus, dass er in naher Zukunft das Zeitliche segnen wird. Die Fusion chemischer Elemente im Kern des Sterns geht zur Neige. Der Gigant wird zunehmend instabil und eines Tages mit einem mächtigen Rumms unter seiner eigenen Schwerkraft zusammenstürzen. In 100.000 Jahren oder etwas früher oder später wird es so weit sein: Der Beteigeuze wird explodieren, eine Supernova, ein Ereignis, das auch in Gollenberg mit bloßem Auge zu sehen sein wird.

Vielleicht ist es auch schon geschehen. Aufgrund seiner Entfernung zur Erde werden wir vom Ende des Beteigeuze verspätet erfahren. Das Leuchten der Supernova wird hier bei uns mit einem Zeitverzug von etwa 650 Jahren zu sehen sein.

Wäre der Beteigeuze also explodiert, als Christoph Kolumbus Amerika entdeckte, dann würden wir im Jahr 2142 hier auf der Erde ein Leuchten am Firmament sehen und uns denken, ja, Mensch, jetzt ist doch tatsächlich der Beteigeuze explodiert.

»Was sagst du Menschen, die sich über das Älterwerden beklagen?«, frage ich Shi, nachdem wir eine Zeitlang wortlos nebeneinander hergegangen sind. »Ich denke«, antwortet er, »dass mit dem Alter eine Schwäche eintritt, die vor allem mentaler Natur ist. Vor einigen Jahren traf ich in Paris einen Bekannten. Er wolle nach China zurück, erzählte er mir, aber mit seinen 40 Jahren sei er dafür schon zu alt. Ich fragte ihn, zu alt wofür? Er meinte: zu alt, um neu anzufangen. Schließlich sei er schon seit zehn Jahren in Frankreich. Ich selbst habe mir bis heute noch nie gedacht, zu alt zu sein. Keine Chance mehr auf etwas Neues zu haben. Es ist das negative Denken, das uns alt macht. Gedanken erschaffen Sorgen, aus denen Probleme entstehen, die es gar nicht gibt. Ich kenne einen Meister, der mit 70 Jahren jeden Tag mit jungen Mönchen auf den Berg steigt, um Holz zu sammeln. Er ist den Jungen noch immer überlegen, sie kommen ihm gar nicht hinterher.«

Es ist jetzt so dunkel, dass ich den Meister neben mir nur noch als gleichmäßige Bewegung in der Nacht wahrnehme. »Machen wir uns zu viele Gedanken über das Altern?«, frage ich.

»Die Sorge vor Schwäche oder Krankheit kann dich von heute auf morgen um zehn Jahre altern lassen«, sagt Shi. »Aber ebenso können dich Zuversicht und Freude um Jahre verjüngen.«

Wir sind auf dem Rückweg und erreichen den Ortsrand von Gollenberg. Straßenlaternen gibt es hier keine, dafür akkurat gestutzte Hecken und im Vorgarten strammstehende Briefkästen.

Gerne würde ich dem Alter mit der gleichen Ruhe begegnen wie Shi Yong Chuan. Aber ich spüre den Drang in mir, anderen meine Stärke zu zeigen. Und ich habe nicht das Gefühl, als wäre dieser Drang in den vergangenen Jahren zurückgegangen.

»Shi, ich will besser sein als andere. Ist das etwas Schlechtes?«

»Nein ... es ist gut, sich mit anderen zu vergleichen. Auch wir Mönche demonstrieren unsere Kampfkunst. Wir tun es, um zu veranschaulichen wie stark wir sind. Darüber finden wir Vertrauen in unsere eigene Stärke. Blicke nicht mit Neid auf andere. Suche dir ein Ziel. Und verfolge es.«

»Und wenn ich mein Ziel verfehle?«, frage ich.

»Dann darfst du enttäuscht sein«, sagt Shi. »Aber achte darauf, dass aus deiner Enttäuschung ein positives Gefühl erwächst. Deine Enttäuschung ist ein starker Impuls. Sie ist eine Quelle frischer Energie. Der Versuch dein Bestes zu geben, war bereits ein großer Erfolg. Durch ihn eröffnen sich neue Möglichkeiten, aus denen sich neue Wege ergeben. Nun hast du die Wahl, welchen dieser Wege du für dich wählen möchtest.«

Wir erreichen das Gartentor auf der Rückseite des Gehöfts. Hier endet unser Spaziergang. Es mag eine knappe Stunde gewesen sein, die wir unterwegs waren.

Ich bin müde und freue mich auf mein Bett. Eine Frage treibt mich allerdings noch vor sich her. Wenn ich an all die Möglichkeiten denke, an die Ideen und Pläne und Projekte, die sich vor mir auftun, dann ist es weniger ein Gefühl der Vorfreude als eher eine Rastlosigkeit, fast schon Verlorenheit, die ich in mir spüre. »Was soll ich tun, wenn ich mich nicht entscheiden kann?«, frage ich. »Es gibt so viel, was ich erleben und erreichen möchte ...«

Wir stehen im Schein einer Außenleuchte vor unserer Unterkunft. Der Meister schenkt mir ein tröstliches Lächeln. »Unsere Welt ist zu groß, um alles entdecken zu können«, sagt er. »Lasse deine Gedanken zur Ruhe kommen. Nimm dir Zeit für Stille, das wird dir guttun. Es wird dir dabei helfen, gute Entscheidungen zu treffen. Ein voller Kopf ist wie ein Glas voller Wasser. Um frisches Wasser hinzugeben zu können, musst du das Glas leeren. Nur so wirst du Raum für Neues schaffen.«

***

Morgenandacht.

Wir lauschen dem Gesang des Meisters. Mal stehend, mal sitzend. Zwischendurch hören wir immer wieder den hübschen Satz: »Einmal niederwerfen bitte.«

Dann werfen wir uns nieder.

Meine Beine verarbeiten noch immer die Radtour von vorgestern. Meine Rückenmuskulatur ist müde von den Übungen des Vortags. Auch in der Leistengegend spüre ich die Beanspruchung des ungewohnt langen Sitzens auf dem Boden.

Dennoch genieße ich die Andacht. Ich mag den Singsang des Meisters, das Trommeln, die Schwingungen des Gongs, der geschlagen wird. Gegen Ende stehen wir und halten die Hände mit den Handflächen aneinandergelegt vor der Brust. Die Augen sind geschlossen. Ich empfinde die Haltung als überraschend bequem, der zentrale Druck auf die Hände entlastet die zur Seite abstehenden Arme, deren Gewicht ich nicht spüre.

Mein Körper fühlt sich ausgeglichen und mittig an. Mir kommt es so vor, als könnte ich in dieser Position sogar einschlafen, obwohl ich stehe.

Ich überlege mir, wie spirituell dieser Moment sein könnte, wenn ich ihn in einem echten Kloster erlebte, vor einer monumentalen Bergkulisse in China, Bhutan oder Tibet.

Wo läge der Unterschied? Ich stehe mit geschlossenen Augen hier an diesem Ort. Durch die geöffnete Tür kommt frische Luft von draußen. Ich stelle mir geschnitzte Wände in dunklem Holz vor. Ein Boden, ebenso aus Holz, der sich anfühlt wie der, auf dem ich stehe. In der Nase trage ich den Duft von Räucherstäbchen, durch die geschlossenen Augenlider spüre ich Kerzenschein. Beim Blick nach draußen sehe ich mächtige Felswände und schneebedeckte Gipfel in goldenem Licht.

Als Shi Yong Chuan zum Ende der Andacht schlägt, spüre ich die Schwingungen eines Gongs, der größer ist, als ich. Ich lasse die Schwingungen auf mich wirken. Dabei kommt mir etwas unerwartet in den Sinn, dass sich der Planet gerade so gedreht haben mag, dass ich kopfüber stehe.

Ich öffne die Augen. Der Meister lächelt und bittet uns in den Speiseraum.

***

Zum Frühstück gibt es gekochte Eier, Reissuppe, Pfannkuchen und einen Salat aus Roter Bete und Äpfeln. Ich fühle mich körperlich müde, aber seelisch aufgeräumt und klar.

Das Spazierengehen, die einfachen Gespräche über das Wetter und das Essen, das gemeinsame Teetrinken und gesellige Zusammensitzen haben mir gutgetan. Beim morgendlichen Griff nach meinem Smartphone wiederum habe ich gespürt, wie viel Unruhe das fortwährende Abrufen von Weltnachrichten und Social News mit sich bringt. Ich nehme mir vor, mein Handy nicht nur häufiger zur Seite zu legen; sondern es seltener in die Hand nehmen.

Das Wochenende hat mich beruhigt. Es hat mich gestärkt und aufgerichtet. Ich habe mir Ruhe geschenkt und meinem Körper dabei zugehört, wie er atmet.

Die letzte Einheit *Xi Sui Jing* genieße ich. Ich bin weit davon entfernt, meinen inneren Energiefluss zu steuern. Aber ich glaube, zu spüren, wie viel Energie sich in mir sammeln könnte, wenn ich nicht immer alle Kraft, die mir zur Verfügung steht, direkt in den nächsten Schritt investierte.

Zum Abschied schenkt mir der Abt ein Buch über das Shaolin-Kloster in Henan.

In chinesischer Schrift schreibt er mir hinein: »Wer verliert, der gewinnt.«

8 DER MITTLERE WEG

Musculus iliacus. Manche mögen ihn kennen. Ich kannte ihn nicht. Bis er mir auf spürbare Weise vermittelte, dass es nicht ich bin, der in Freiheit lebt. Sondern dass es mein Körper ist, der mir Tag für Tag die Freiheit schenkt, mich zu bewegen. Oder auch nicht.

Mai 2023. Ein Montag. Wir landen auf Teneriffa. Noch einmal bin ich auf die Insel meines Vertrauens gekommen. Der Plan ist, eine Woche lang konzentriert für die WM in Lahti zu trainieren.

Ohne Familie und ohne Schlafdefizit.

Schon aus dem Flugzeug sind im Landeanflug die Schaumkronen zu sehen. Die See ist aufgewühlt. Weites Blau mit weißer Gischt. Gute 30 Knoten aus Nordost, man nennt das auch *steifer Wind*, das sind vorzügliche Bedingungen zum Windsurfen.

Für meine Ankunft auf Teneriffa habe ich einen Grundsatz: niemals direkt aufs Wasser gehen. Das Festland sitzt einem in den Knochen, der Flug hängt einem im Genick. So steif der Wind über den Atlantik weht, so steif steige ich aus dem Flieger. Hinzu kommt die kraftvolle Sonne über Afrika, die mir auf dem reflektierenden Meer noch schneller einen Sonnenbrand verpasst.

Deshalb lautet die Regel: erst einmal akklimatisieren. Surfen dann ab dem zweiten Tag.

So halte ich es seit vielen Jahren. Dieses Mal, so denke ich mir, wäre allerdings eine Ausnahme angebracht. Schließlich bin ich nur für eine Woche hier. Ich möchte mich auf Schwimmen, Radfahren, Laufen konzentrieren und keine Zeit mit Surfen verlieren.

Daher ist meine Idee: Ich gehe jetzt schnell surfen. Dann habe ich das erledigt und kann mich ab morgen ideal auf mein Training fokussieren.

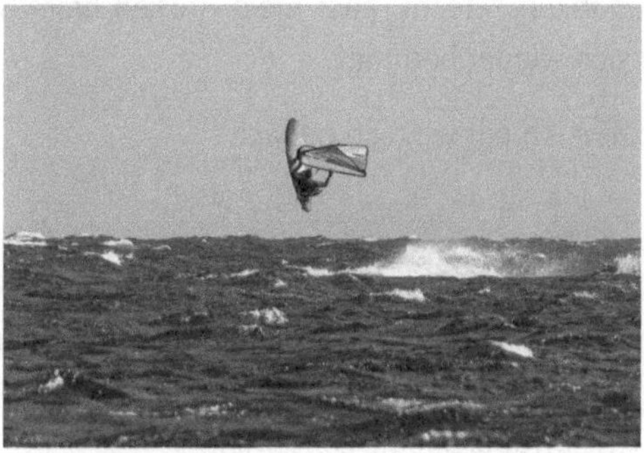

Um 10:30 Uhr sind wir gelandet. Um 12:40 steige ich an der Playa Sur von El Médano aufs Surfbrett. Der Atlantik glitzert. In der Bucht bilden sich kleine, steile Wellen, weiter draußen treibt der Wind einen meterhohen Swell vor sich her.

Ich habe Spaß und bleibe eineinhalb Stunden auf dem Wasser, bis ich spüre, dass ich genug Sonne abgekriegt habe, und mit zunehmender Ermüdung meine Konzentration nachlässt.

Später sitze ich bei einem Teller Pasta mit Gambas. Mein Rücken zwickt. Ich muss mir draußen auf dem Wasser irgendetwas *verrissen* haben.

Am Dienstag fahren wir eine erste Runde mit dem Rad, gemeinsam mit meinem Gefährten Roland, der mit nach Teneriffa gekommen ist.

Der Rücken schmerzt, aber ich sitze es aus. Am Mittwoch verlagert sich die Sache in den Lendenbereich. Einige Bewegungen meines Oberkörpers verursachen einen stechenden Schmerz.

Deshalb gehe ich nicht, wie geplant, schwimmen. Stattdessen laufe ich vormittags zehn Kilometer in entspanntem Tempo, um mittags doch noch einmal zum Windsurfen zu gehen.

Der Wind ist zu schön, um es nicht zu tun. Und um die Sache vor mir, meinen Trainingsambitionen sowie meinem Rücken zu rechtfertigen, lege ich mir den Gedanken zurecht, dass mein Rücken beim Surfen aktiviert wird, sodass er sich wieder beruhigt.

Aktiviert. Das habe ich mir wirklich gedacht.

Donnerstag.

Ich liege bei David. Das ist mein Osteopath in El Médano, den ich von früheren Verrenkungen kenne. Ich wurde mit dem Auto hergebracht, weil ich bei jeder Bewegung meines Oberkörpers solche Schmerzen habe, dass ich mir nicht zutraue, alleine zu fahren.

Der Musculus iliacus oder auch Darmbeinmuskel ist ein Skelettmuskel der bauchseitigen Lendenmuskulatur. Bei Schlachttieren bildet er den Kopf des Filets. Uns Menschen ermöglicht er zu Lebzeiten die Beugung und Auswärtsdrehung des Hüftgelenks sowie die Beugung und Seitwärtsneigung der Wirbelsäule. Gemeinsam mit dem Musculus psoas, dem Lendenmuskel, bildet der Musculus iliacus den Iliopsoas. Er verbindet Wirbelsäule und Becken mit den Oberschenkeln, ist somit unser Bindeglied zwischen Oberkörper und Unterleib.

Wird dieses Muskelpaket durch chronischen Stress mit Hormonen wie Cortisol und Adrenalin geflutet, gerät es unter Dauerspannung. Exzessives Sitzen im Bürostuhl verkürzt den Muskel und verschärft die Lage zusätzlich.

Der Lendenmuskel ist dafür bekannt, auf Stress zu reagieren. Deshalb wird er auch als *Seelenmuskel* bezeichnet, was bei mir natürlich bestens ins Bild passt.

Ich muss ehrlich sagen, dass mir diese Metaphorik so langsam auf die Nerven geht.

David sagt, der Musculus iliacus sei verletzt. Ob das nun bedeutet, dass er gezerrt ist oder nur verspannt, möchte er nicht konkretisieren. In jedem Fall ist er der Meinung, dass sich die Irritation des Muskels über längere

Zeit aufgebaut habe, zahlreiche weitere Muskeln seien extrem verspannt, mein Körper fühle sich an wie ein Sack Zement.

Mit dem Windsurfen habe ich meinem Musculus iliacus wohl nur den vorübergehenden Knock-out verpasst. Das Problem, sagt David, liege tiefer. Mit seinen geschulten Händen verschafft er meinen Schmerzen Linderung. Es werde aber Zeit benötigen. Am besten wäre es, ich würde vier bis fünf Tage ruhen und am Montag wieder zu ihm kommen.

»Das geht nicht«, sage ich: »Montag fliegen wir zurück.«

Zwei Tage lang kann ich mich kaum rühren. Die Nächte, in denen ich so gut schlafen wollte wie seit Wochen nicht mehr, sind die schlechtesten seit Wochen.

Bei jeder noch so kleinen Änderung meiner Körperhaltung fährt mir ein stechender Schmerz in die Lende. Oder in den Rücken? Ich kann es nicht einmal genau lokalisieren.

Sport ist unmöglich.

Immerhin, bis Samstag hat sich mein *Seelenmuskel* beruhigt.

Ich kann mir zwar kaum die Socken anziehen, nach einem Testritt durch die Nachbarschaft absolvieren wir dennoch eine Radausfahrt mit 100 Kilometern und 2.000 Höhenmetern, die ich den Umständen entsprechend ganz gut wegstecke.

Abends liege ich auf dem Sofa. Der FC Bayern München ist schon wieder Deutscher Meister geworden. Die Bilanz meines einwöchigen Trainingslagers ist weniger erfolgreich.

Ich erinnere mich an eine Unterhaltung mit Meister Shi Yong Chuan. Wir sprachen über den *Mittleren Weg*. Damit wird der buddhistische Grundsatz beschrieben, Extreme zu vermeiden.

Ich bin zwar gerne extrem und erzähle gerne davon. Aber die Amplitude meiner Aktivitäten bringt mich und meinen Körper zunehmend in Bedrängnis.

Mein Iliacus streikt. Meine Leistungskurve schwächelt. Die Einschläge häufen sich.

In mir sitzt eine tiefe Müdigkeit. Ich spüre, dass ich an der Beziehung zwischen mir und meinem Körper arbeiten muss. Wir benötigen mehr Harmonie. Eine neue Balance.

Ich beschließe, so etwas wie einen *Mittleren Weg* für mich zu finden.

***

Ich sitze im Schuhladen und kaufe mir neue Schuhe. *New Balance*.

Der *Mittlere Pfad* besagt, auf die Extreme zu verzichten. Mit dieser Herangehensweise bin ich allerdings am Fremdeln.

Soll ich wirklich versuchen, mich auf diesen Weg zu begeben?

Ist das nicht schrecklich langweilig?

Einfach nur nichts von allem?

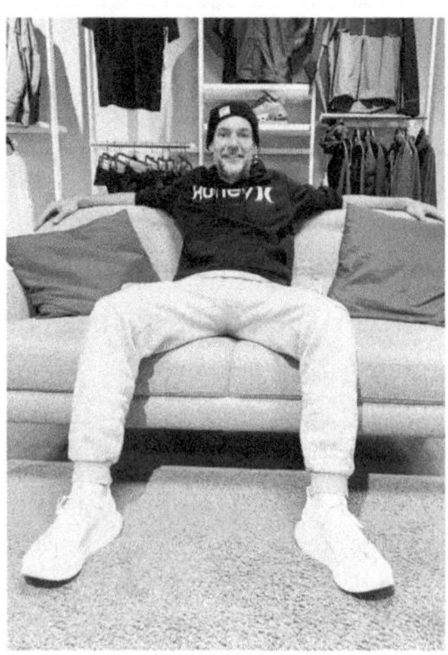

Oder ist alles ganz anders, und der *Mittlere Weg* ist sogar der extremste aller Wege, weil er die Extreme vereint und zu einer mir unbekannten Kraft bündelt?

Das wiederum würde mich interessieren.

Ein Paar neuer Schuhe scheint mir ein guter Einstieg. So kann ich ein Zeichen setzen, dass ich mich auf den Weg begeben habe, eine neue Balance für mein Leben zu finden.

Wie auch immer diese dann im Einzelnen aussehen mag.

***

Siddharta Gautama wurde 563 vor Christus in Lumbini im heutigen Nepal geboren. Er entstammte einem fürstlichen Haus. Es heißt, dass seine Mutter vor seiner Geburt eine Vision erlebt habe, in der ihr die Seele des Ungeborenen in Gestalt eines weißen Elefanten erschienen sei. Neun Monate später kam Siddharta in einer Vollmondnacht auf die Welt.

Als Kind und später als junger Mann lebte Siddharta ein Leben voller Annehmlichkeiten und Luxus. Davon fühlte er sich jedoch nicht erfüllt, und so zog er aus, um mehr zu erfahren, um außerhalb des elterlichen Palasts dem wahren Leben zu begegnen.

Der Legende nach machte sich Siddharta viermal auf, viermal in eine andere Himmelsrichtung, und dabei kam es zu vier Begegnungen:

Er traf zunächst auf einen Fieberkranken, auf einen verkrüppelten Alten und auf einen verwesenden Leichnam. Sie offenbarten ihm die Vergänglichkeit des Lebens, dem sich kein noch so reicher Mensch entziehen konnte. Wohlstand konnte kein Lebensziel sein, wenn das persönliche Glück im Angesicht von Krankheit, Alter und Tod so flüchtig und nichtig war.

Bei seiner vierten Begegnung traf Siddharta auf einen Asketen. Von diesem inspiriert, verließ er sein Elternhaus und seine Freunde, um sich in die Wälder zurückzuziehen, von allem Besitz loszusagen und unter strengster Askese zu leben.

Sechs Jahre lang. Dann, so wird die Geschichte erzählt, habe sich Siddharta Gautama an einen lange vergangenen Moment erinnert, als er im Schatten eines Baums saß, als kleiner Junge, ohne sinnliche Gelüste und böse Ideen, in kindlicher Reinheit.

Ihm wurde klar, dass er einen Zustand wie diesen durch Askese niemals erreichen würde. Also begann Siddharta wieder zu essen, er fand zurück zu seiner Kraft und schließlich unter einer Pappelfeige nach einer neunstündigen Meditation zur Erleuchtung, zum Erwachen als Buddha und zum *Mittleren Weg*.

Die Jahre des Wohlstands und die Jahre der Askese führten ihn zur Erkenntnis, dass es das Gleichgewicht der Extreme war, das den Menschen zu Glück und Frieden führen würde.

Ab diesem Tag lehrte der Buddha, der Idee des *Mittleren Wegs* zu folgen, die sich auf jeden Aspekt unseres Lebens anwenden lässt.

Als Ursache allen Leidens gilt dabei die Habsucht; das Verlangen nach materiellem Reichtum und Genuss, ebenso wie die Gier nach Freude, Ruhm oder Liebe.

Im Alter von 80 Jahren starb Siddharta Gautama. Er soll eine verdorbene Pilzsuppe gegessen haben. Laut heiliger Schrift *Mahāparinibbāna Sutta* waren seine letzten Worte: »Wohlan denn, ihr Mönche, lasst euch gesagt sein: schwinden muss jede Erscheinung, unermüdlich mögt ihr da kämpfen.«

***

Dieser verdammte Berg.

Immer wieder gehe ich aus dem Sattel. Wie in Zeitlupe kommt die nächste Biegung der Passstraße auf mich zu, um dahinter die nächste lange

Gerade zu eröffnen. Ich trete und trete. Meine Oberschenkel brennen. Das tut weh, aber irgendwie finde ich es auch ziemlich gut.

Radmarathon im Tannheimer Tal. Es geht über 215 Kilometer und 3.500 Höhenmeter.

Am Tag zuvor hatte ich eine einfache Vorfreude gespürt. Ohne Nervosität und dieses Gefühl der Spannung im Brustkorb, wenn man weiß, dass mal wieder eine Bestleistung gefragt ist.

Die Idee war nämlich, nicht so schnell wie möglich zu fahren, sondern im Team von vier Freunden einen zwar langen und fordernden, aber rundum schönen Tag auf dem Rad zu verbringen.

Für mich ist es nicht einfach, im Umfeld eines Wettbewerbs den Entspannten zu mimen. So ein Radrennen ist wie ein Aufmarsch der Gladiatoren, die sich hinter verspiegelten Brillen beäugen, während sie vor dem Start des Rennens ihre Karbonboliden durch die Ortschaft schieben.

Wir lassen es an diesem Morgen demonstrativ locker angehen. Wir sind extra spät aufgestanden, haben am Teilnehmertreffpunkt noch einen Apfel-Streuselkuchen gefrühstückt und stehen erst um 5:32 Uhr am Kofferraum unseres Autos, um uns und unsere Räder bereitzumachen.

Start ist um 6:00 Uhr.

Ich muss die Startnummernaufkleber auf Helm und Rad pappen, die Startnummer am Rücken fixieren, mein Radoutfit anziehen, ungefähr sieben Bar Luftdruck in meine Reifen pumpen und feststellen, dass eines meiner Pedale, die ich wechseln muss, weil ich heute andere Schuhe dabei habe, irgendwie klemmt.

Es gibt einen Wagen mit Mechanikern. Dort wird mir geholfen, aber jetzt sind wir wirklich zu spät. Der Sprecher verkündet den Start. Heroische Musik und der Jubel der Zuschauer sind zu hören, während wir durch die teilgesperrte Ortschaft den Weg zur Startaufstellung suchen.

Wir umfahren ein Hotel, landen in einem Hinterhof, erreichen die Hauptstraße und klettern schließlich eine Böschung nach unten, um als Letzte über die Startlinie zu fahren.

Es regnet.

Einer von uns hat seine Brille vergessen. Wir halten noch einmal an und warten, damit er sie holen kann. Ich stelle fest, dass meine Rahmentasche nicht sauber sitzt, ziehe den Klettverschluss fest, verliere die Konzentration und falle mit den Schuhen in den Klickpedalen um. So wie vor einem Jahr in Rwanda. Zum Glück nimmt mein Rad heute keinen Schaden.

Wir passieren einen Kreisverkehr, an dem die Polizei die Straße wieder für den Verkehr freigibt. Wir huschen gerade noch durch. Dann verfahren wir uns, drehen um und klettern die Böschung genau dort wieder hoch, wo wir sie vor einer Viertelstunde runtergeklettert sind.

Ich frage mich, ob wir die Sache vielleicht doch ein wenig zu locker angegangen sind. Für einige Minuten herrscht Unklarheit, ob wir überhaupt auf der Strecke sind. Schließlich holen wir die ersten - letzten - anderen Fahrer ein und sind uns endlich sicher, den richtigen Weg gefunden zu haben.

Es regnet.

Nun sind wir gut in Tritt. Zu viert in Reihe kommen wir zügig voran. Zurück im Feld mit anderen Teilnehmern haben wir die Ruhe, uns an den ersten Verpflegungsstationen ohne Hektik zu versorgen.

Nach ein wenig Auf und Ab kommen wir zum ersten langen Anstieg. Es geht den Riedbergpass nach oben, der Steigungen von bis zu 15 Prozent aufweist.

Mein größtes Ritzel am hinteren Kettenblatt hat nur 25 Zähne. Damit bin ich bei diesem Anstieg schnell am Anschlag. Der direkte Weg ist mir an einigen Stellen zu anstrengend, deshalb nutze ich immer wieder die komplette Breite der Straße und kurve in Schlangenlinien nach oben.

Das verändert die Relation von Strecke zu Höhendifferenz und reduziert die Steigung.

Während ich im Zickzack diesen Berg hochfahre, mache ich mir Gedanken über den *Mittleren Weg*.

Was treibt mich hier hoch?

Warum habe ich diesen Drang verspürt, meine drei Mitstreiter so früh wie möglich abzuhängen, um als Erster oben anzukommen?

Warum kann ich nicht mit den anderen gemeinsam diesen Berg hochkurbeln?

Warum will ich schneller sein als andere?

Ich weiß es nicht. Ich habe es in mir. Es ist wie ein Trieb.

Plötzlich vernehme ich das leise Blasen von Alphörnern. Habe ich es vielleicht doch übertrieben? Die Klänge werden lauter und lauter, nach der nächsten Kurve kommt die Bestätigung.

»Riedbergpass 1.409 m ü. NN«, sagt das Schild. Dahinter haben sich tatsächlich 15 Alphornbläser gruppiert, um die Teilnehmer des Radmarathons auf der Passhöhe zu begrüßen.

Ein schöner Moment, den ich nicht mit den anderen teile, sondern alleine erlebe.

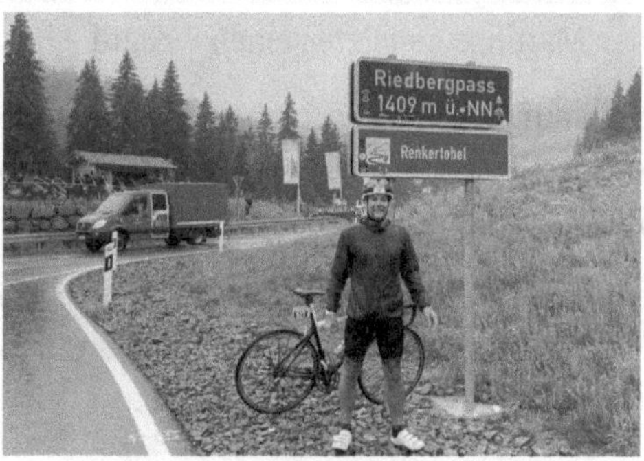

Ich warte, bis die anderen drei der Reihe nach oben angekommen sind. Bald bin ich nicht nur nass, sondern ausgekühlt und versuche, mich mit Kniebeugen und Armkreisen einigermaßen auf Temperatur zu halten.

Es regnet.

Die folgende Abfahrt ist unangenehm. Regenwasser von oben. Spritzwasser vom Vordermann. So geht es weiter, ehe wir uns über Reuthe und Mellau dem zweiten langen Anstieg nähern.

Die tief hängenden, grauen Wolken haben sich aufgelockert. Nach fünf Stunden Radrennen hört es endlich auf zu regnen. Nun sind noch einmal 1.200 Höhenmeter zu bewältigen, bis auf den Hochtannbergpass auf 1.676 Metern.

Natürlich will ich auch hier als Erster von uns vieren oben sein. Das mache ich mit einer kleinen Tempoverschärfung direkt klar.

Den Berg alleine hochzukurbeln, ist aber auch in Ordnung. Der Weg zieht sich Kilometer um Kilometer nach oben, durch Tunnel, vorbei an einem Wasserfall, dann wieder Tunnel, die Luft wird dünner, und deshalb wird hier ohnehin keine längere Unterhaltung stattfinden.

Man spart sich seine Puste. Und fährt sein Tempo.

Dennoch nehme ich jeden einzelnen Fahrer, den ich vor mir erblicke, ins Visier, trete und trete, bis ich ihn eingeholt und überholt habe. Auf den Startnummern am Rücken sind die Namen zu lesen.

Ich kassiere einen Martin, einen Peter, einen Richard.

Am Ende habe ich auf dem Weg nach oben gute 30 andere Fahrerinnen und Fahrer überholt. Es fühlt sich gut an. Aber ich bin mir nicht sicher, ob ich möchte, dass sich das gut anfühlt.

Noch einmal erinnere ich mich an das Gespräch mit Shaolin-Meister Shi Yong Chuan. Er sagte, es sei richtig, sich mit anderen zu messen. Weil wir uns darüber Vertrauen in die eigene Stärke holten.

Ich will spüren, dass mein Training der vergangenen Wochen einen Effekt gehabt hat. Ich will Vertrauen in meine Leistungsfähigkeit haben, wenn ich bei der WM in Lahti an den Start gehe. Ich spüre aber auch, dass ich den einen und einzigen Fahrer, der mich auf dem Weg nach oben überholt, mit einem Gefühl der Missgunst bedenke.

Die Fahrt über die Kuppe auf dem Hochtannbergpass, vorbei am saftigen Grün der Bergwiesen und dann hinab nach Warth, ist eine schöne Belohnung für den langen Anstieg, der sich über mehr als 40 Kilometer gezogen hat.

An der Verpflegungsstation in Warth gibt es dampfende Nudelsuppe. Der Beweis in einem Pappbecher, dass es manchmal nur wenig braucht, um alles zu haben.

Wir haben unser Viererteam wieder vereint. Die leicht abschüssige Fahrt durch das Lechtal ist mühsamer, als erwartet. Die Sonne hat die Luft erwärmt und generiert eine Thermik, die uns auf den letzten rund 50 Kilometern unerwartet strikten Gegenwind beschert.

Bei Kilometer 200 wartet ein finaler Anstieg, den wir gemeinsam bewältigen. Am Haldensee passieren wir ein Stück traumhafter Natur am türkisblauen Wasser.

Dann wissen wir: Es ist geschafft.

Nach gut zehn Stunden kommen wir hinein nach Tannheim. Nebeneinander, Arm in Arm, rollen wir über die Ziellinie. Nicht das Ankommen auf dem Gipfel als Erster von vieren, sondern das Ankommen im Ziel gemeinsam mit diesen vier Mitstreitern ... ist der schönste Moment des Tages.

Am nächsten Morgen wache ich auf und spüre die Ermüdung am ganzen Leib. Oberhalb meines *Solarplexus wirft meine Haut rote Pusteln.* Das ist seit etwa einem Jahr so.

Ich habe nachgelesen, was das zu bedeuten hat:

Der *Solarplexus* aka *Sonnengeflecht* ist ein Knotenpunkt unseres vegetativen Nervensystems. Hier laufen Nervenfasern zusammen, die sympathische wie auch parasympathische Anteile haben. Unser Gehirn tauscht über diese Schaltzentrale Informationen mit unseren Bauchorganen aus und gibt Impulse. Man sagt, im Sonnengeflecht sitze der unterbewusste Teil unserer Seele.

Mein Seelenmuskel zwickt. Mein Sonnengeflecht juckt.

Ob meine Seele mir etwas mitzuteilen hat?

Beim Frühstück schenke ich mir eine große Tasse schwarzen Kaffee ein.

Keine Ahnung, ob das gut oder schlecht ist. Aber der Kaffee schmeckt herrlich.

***

Die einfache Frage, die mich in diesen Tagen umtreibt, ist, was ich will.

Ich würde gerne jeden Tag viel trainieren; mich verausgaben, neue Bestzeiten aufstellen und besser sein als andere. Ich würde gerne jeden Tag berufliche Projekte vorantreiben, an diesem Buch arbeiten und schon das nächste Buch beginnen. Ich würde gerne die ganze Welt bereisen, mich treiben lassen und gleichzeitig gezielt vorangehen. Ich würde gerne noch mehr Zeit mit meinem Sohn verbringen, stundenlang mit meiner Freundin im Bett liegen und ganz viel schlafen.

Ich will so viel. Gleichzeitig sehne ich mich nach Ruhe.

Bin ich nun zerrissen oder vielseitig?

In jedem Fall sieht es bei mir nach wie vor so aus, als bräuchte ich keinen mittleren Weg, sondern so etwas wie eine mittlere Autobahn.

Was will ich also wirklich?

Ich denke, ich will das Leben erleben. Ich will mein Held sein. Ich will Großes erreichen. Aber ich habe inzwischen nicht mehr das Gefühl, die

Dinge unter Kontrolle zu haben. Ich fühle mich eher wie eine Flipperkugel, die zwischen den Extremen hin- und hergeschossen wird. Es gibt Prellkontakte und Zielscheiben und Löcher und Kicker und Rampen und Tore und Magnete und Trichter. Es blinkt und knallt und ballert. Das ist herrlich aufregend und ein Riesenspaß.

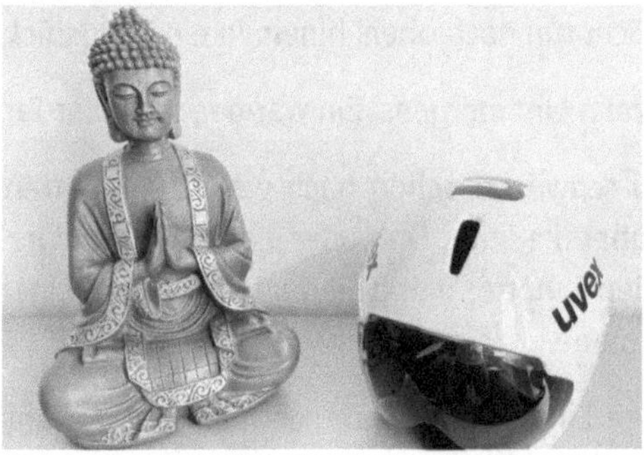

Bis die Kugel ins Aus flippert.

Was ich ergründen möchte, ist, woher meine Unrast kommt. Warum ich einen Tatendrang in mir trage, dem ich längst nicht mehr folge, sondern vorauseile. Ein Drang, zu machen und zu schaffen und zu erreichen, der mich nicht mehr mit Energie speist, sondern mir meine Kraft nimmt, weil er mich vor sich hertreibt.

Bin ich so?

Oder habe ich mich dazu gemacht?

Das würde ich gerne erfahren.

Ich beschließe, mir dabei helfen zu lassen.

9 KÖRPER TRIFFT SEELE

Jetzt sitze ich schon wieder auf einem Fahrrad.

Kurz runter, dann scharf rechts den Berg hoch. Hinter der ersten Kurve endet wider Erwarten der Asphalt. Die Straße wird zum Schotterweg. Damit hatte ich nicht gerechnet. Ich steige ab und schiebe mein Triathlonbike über den Schotter nach oben, hinein in ein Waldstück.

Es ist kurz vor zehn Uhr morgens. Ein warmer, schwüler Tag.

Ich beginne zu schwitzen, schon nach wenigen Schritten läuft mir eine Schweißperle über die Stirn. Drei oder vier Minuten laufe ich weiter, das Fahrrad über den Schotter manövrierend, bis ich vor einer Einfahrt zu einem Holzhaus stehe.

Macht nicht den Eindruck, als wäre ich hier richtig. Sieht nach *Holzweg* aus, denke ich mir, und versuche, die Situation vor mir selbst mit einem Lächeln aufzulockern, aber das gelingt mir nicht.

Ich bin genervt.

Gestern habe ich an einem Triathlon im fränkischen Roth teilgenommen. Von dort bin ich direkt in die Ramsau am Dachstein gefahren. Mit meinem Fahrrad im Kofferraum. Deshalb dachte ich mir, ich könne damit vom Hotel zu meinem Termin fahren, den wir für zehn Uhr vereinbart haben.

Ich treffe mich heute mit Felix Gottwald.

Felix ist Österreichs erfolgreichster Olympiasportler. In der Nordischen Kombination aus Skispringen und Langlauf gewann er 18 Medaillen bei Olympischen Spielen und Weltmeisterschaften, zwischen 2002 und 2011 wurde er je dreimal Olympiasieger und Weltmeister.

Heute hilft Felix Unternehmern und Profisportlern auf die Sprünge, zeigt als Berater Wege zum Erfolg auf, was bei vielen Menschen bedeutet, dass er sie dabei begleitet, wieder näher zu sich selbst zu finden, dorthin, wo sie eigentlich herkamen, oder auch dorthin, wo sie immer hinwollten, ehe sie unterwegs den Faden verloren haben.

Ich bin zu ihm gereist, um herausfinden, warum ich dieses Feuer in mir trage, ständig mehr zu wollen. Warum ich im Alter von 48 Jahren noch immer besser sein muss als andere, um mich gut zu fühlen. Was mich antreibt, neue Bestzeiten aufzustellen.

Was mich durchs Leben hetzt ... und wie ich damit umgehen kann.

Es ist jetzt eine Minute vor zehn. Wo ich bin, ist niemand. Mama Google hat mich in die Irre geführt. Ich stehe mit einem Schickimicki-Triathlonbike auf einem Schotterweg.

Meine Arme jucken, kleine schwarze Insekten finden Interesse an meiner schwitzigen Haut, ich versuche, sie loszuwerden, schlage nach ihnen, beinahe fällt dabei mein Fahrrad um.

Das Telefon klingelt. Felix fragt, wo ich bin. Ich beschreibe es ihm, und er sagt mir, wo ich ihn wirklich finden kann. Er schickt mir seinen Standort aufs Telefon. Mit dem Fahrrad sind es mindestens 15 Minuten. Ich sage ihm, dass ich in zehn Minuten da bin.

Ich schiebe das Rad über den Schotter nach unten, zurück auf die Hauptstraße, dann geht es vier Kilometer durch den Ort und auf der anderen Seite hinaus, die Straße führt kontinuierlich bergauf, ich trete schwer vor mich hin, mein Rucksack klebt am Rücken, der Schweiß läuft mir ins Gesicht, und ich frage mich, warum ich mich in zehn Minuten ankündige, wenn ich weiß, dass es mindestens 15 Minuten dauern wird.

Nach 20 Minuten bin ich da.

Vor einem Haus steht eine ältere Dame, die ihren Einkauf aus dem Auto auslädt. Ich frage sie, ob sie mir sagen kann, wo ich Felix Gottwald finde, das müsse hier irgendwo sein.

»Ist das der Sportler?«, fragt sie.

»Ja.«

»Da unten gleich ums Eck, hinter dem Haus.«

Ein am Hang terrassierter, bungalowartiger, schlichter Bau, der gut in die Landschaft passt. Der Blick geht in die Ramsau in Richtung Schladming. Grüne Wiesen und Felder. Darüber liegt ein großer Himmel in mildem Blau, mit großen, aufgetürmten Wolken.

Hier stehe ich, verschwitzt und gehetzt, und reiche Felix mit einem geknickten Lächeln meine nasse Hand. »Sorry ... für die Verspätung.«

Als Kombinierer hat Felix Gottwald die Extreme vereint, konnte leicht sein und fliegen, um kurz darauf in der Loipe mit aller Kraft ans Limit zu gehen. Wir kennen uns von einem telefonischen Interview, das wir vor einigen Jahren für ein Sportmagazin geführt haben. Das Gespräch mit Felix hatte mich damals tief beeindruckt. Wir sprachen weniger über seine Erfolge als Sportler, als vielmehr darüber, wie man ein erfolgreiches Leben führt. Zielstrebig, selbstbestimmt und achtsam. Wie man sich selbst als ganzheitliches System begreife, um die richtige Balance aus Körper und Seele zu finden und in der Folge gesund und zufrieden zu sein.

Zwei Wochen zuvor haben wir uns in einem vorbereitenden Videotelefonat ausgetauscht. Nun stehen wir uns erstmals gegenüber. Felix ist anzumerken, dass er nichts dagegen gehabt hätte, wenn ich pünktlich gewesen wäre, dennoch wirkt er gut gelaunt.

Er reicht mir ein großes Glas Leitungswasser, das ich gerne annehme und auf einen Zug leere.

Der Plan ist, einen Spaziergang zu unternehmen. Felix hat einen ordentlichen Schritt drauf, aber natürlich halte ich gut mit, schließlich bin ich Triathlet.

Felix findet es bemerkenswert, dass sich Menschen, die Triathlon betreiben, häufig als *Triathleten* bezeichnen, während sich Menschen, die beispielsweise zweimal in der Woche Tennis spielen, eher selten als *Tennisspieler* vorstellen.

»Wie geht es dir?«, fragt Felix.

»Gut«, antworte ich lapidar.

Felix hakt nach. Er sagt: »Wir Menschen haben drei wichtige Feedbackgeber, die eng miteinander verbunden sind: unser Körper, unser Herz und unser Verstand.«

Er fragt mich, wie es den dreien geht.

Körper?

Ich versuche, zu fühlen wie ich hier an diesem Vormittag durch die Ramsau marschiere, sage dann: »Müde, schwer ... voller muskulärer Anspannung.«

Herz?

»Sehr voll. Emotion, Tatendrang, Wollen. Vielleicht auch ein leiser Schmerz? Fast schon Trauer, weil ich die Ahnung habe, dass ich etwas loslassen muss. Ich will so viel, und ich fürchte, das geht nicht mehr.«

Ich muss gar nicht nachdenken und wundere mich darüber, was ich sage, dass ich so konkret artikulieren kann, was da in meiner Brust pocht.

Verstand?

»Klar!«, sage ich. »Aber sehr beschäftigt. Mit sich selbst. Und mit dem, was heute noch zu erledigen ist. Heute, aber auch in den nächsten Tagen und Wochen.«

Gesamtzustand?

»Gut. Zufrieden. Aber schon ein wenig gestresst.«

Wir besprechen meine Antworten und stellen fest, dass ich nicht so richtig hier bin, nicht hier auf diesem Feldweg, der sich gerade im Schatten eines Baums gabelt und an einer Schar sonnengelber Blümchen vorbeiführt, nicht hier im Moment, im Austausch mit Felix Gottwald, der mir seine Zeit widmet.

Ich bin da, aber nur zum Teil. Die anstehenden Tagesordnungspunkte belagern mich bereits. Das Gespräch soll bis etwa zwölf Uhr gehen, und ich überlege, ob es nicht doch besser gewesen wäre, das Ganze mit dem Handy aufzuzeichnen oder wenigstens ein Notizbuch mitzunehmen, um die Eckpunkte unserer Unterhaltung notieren zu können, damit ich im Nachgang alle wichtigen Details zur Hand habe, obwohl ich weiß, dass ich mich für gewöhnlich sehr genau an so ein Gespräch erinnern werde und mich bewusst dagegen entschieden habe, mit Stift und Zettel neben Felix herzulaufen.

Im direkten Anschluss an unser Treffen werde ich alles in Stichpunkten zu Papier bringen, vielleicht gleich beim Mittagessen in einem Restaurant oder in einem Café oder in meinem Hotelzimmer, wenn ich vor dem Mittagessen noch einen kurzen Mittagsschlaf mache oder auch umgekehrt. Dann muss ich noch online die Gondel reservieren, das ist notwendig bei einer Fahrt auf den Dachstein, ich will nachmittags dort hochfahren, mir kluge Gedanken und ein paar schöne Bilder machen. Abends würde ich gerne die Umgebung nutzen, um noch eine Runde laufen zu gehen, wobei auch eine kleine Radausfahrt denkbar wäre, es ist ja lange hell in diesen Tagen, und im Hotel möchte ich unbedingt noch auf einen Sprung in die Hotelsauna, um ein wenig zu entspannen, was vor dem Abendessen geschehen müsste, das ich bis 20 Uhr wahrnehmen kann, weil die Sauna danach nicht mehr offen hat.

Außerdem wollte ich endlich mal früh ins Bett.

Heute ist Montag. Und wenn ich zurück bin, zu Hause an meinem Schreibtisch, dann liegt eine Menge an. Aufgaben, Termine, Projekte.

Felix merkt sehr genau, was mich umtreibt. Ich agiere kaum in Echtzeit, sagt er, weil mein Herz und mein Verstand fortlaufend vorauseilen.

Ich versuche, ihm meine Misere zu erklären: »Es sind so viele Dinge, die ich tun möchte. Wenn ich auf Teneriffa bin, was ich liebe, weil ich dort so viel unternehmen kann, dann macht mich dieser Reichtum an Optionen fast schon fertig.«

»Lustig«, sagt Felix, »dass du die Schuld daran den Optionen gibst ...«

Unter unseren Sohlen knirscht der Kies, aus dem Feld ist das geschäftige Treiben von Insekten zu hören. Die Sonne steht hoch und taucht die Landschaft in ein weißes Licht.

»Mit welchen drei Eigenschaften würdest du dich charakterisieren?«, fragt Felix.

»Begeisterungsfähig.«

»Gut.«

»Ich bin empathisch.«

»Okay.«

»Und ... ich bin diszipliniert«, sage ich nach kurzer Bedenkzeit, um direkt nachzusetzen: »Ich kann wirklich sehr hart zu mir sein.«

Felix blickt vor sich auf den Boden und gibt beiläufig zurück. »Jaja, du bist sensationell.«

Ich brauche einen Moment, um zu realisieren, was er da gerade gesagt hat. Und einen weiteren Moment, um zu verstehen, was ich da gerade gesagt habe: Neben mir läuft ein Olympiasieger, der jahrelang die Besten der Welt in der Loipe zermürbt hat, und ich erkläre ihm, was für ein knallharter Junge ich bin.

Ich fühle mich provoziert. Aber nur für einen Augenblick. Dann fühle ich mich peinlich berührt von mir selbst. Dieser kleine Dialog wird mir groß in Erinnerung bleiben.

Wir laufen schweigend weiter.

Der Weg wird schmaler und zum Pfad. Zwei Spaziergänger mit Wanderstöcken kommen uns entgegen, wohl ein Ehepaar, das hier am Dachstein urlaubt. Die beiden bleiben an der Seite stehen, um uns vorbeizulassen. Wir nicken uns einen Gruß zu.

***

Es gibt eine Szene aus meinem Leben als Sportler, die mir lebendig in Erinnerung ist und von der ich Felix in Vorbereitung auf unser Gespräch erzählt habe:

Beim Ironman® Lanzarote, einem anspruchsvollen Triathlonrennen über die Langdistanz, das für seine Höhenmeter, die schwierigen Windverhältnisse und hohen Temperaturen berüchtigt ist, habe ich im Jahr 2019 nach mehr als 13 Stunden das Ziel erreicht.

Die letzten 50 Meter führen vor Tribünen über einen Teppich, das Ziel vor Augen. Links und rechts jubelnde Menschen. Unter ihnen meine Freundin.

Ich kam angerannt, nachdem ich auf der Marathonstrecke zuvor schon am Gehen war. Vollkommen erschöpft, aber jetzt wollte ich es noch einmal allen zeigen. Wenige Meter vor mir lief ein anderer Athlet, den ich als potenziellen Gegner meiner Altersklasse identifizierte. Ich war nicht in der Lage, die letzten Meter bis ins Ziel zu genießen. Die Vibes aufzusaugen. Den Blickkontakt zu meiner Freundin zu suchen, die hier irgendwo stehen musste. Das Gefühl zu verinnerlichen, was hinter mir lag und was ich geschafft hatte. Stattdessen legte ich einen Vollsprint hin.

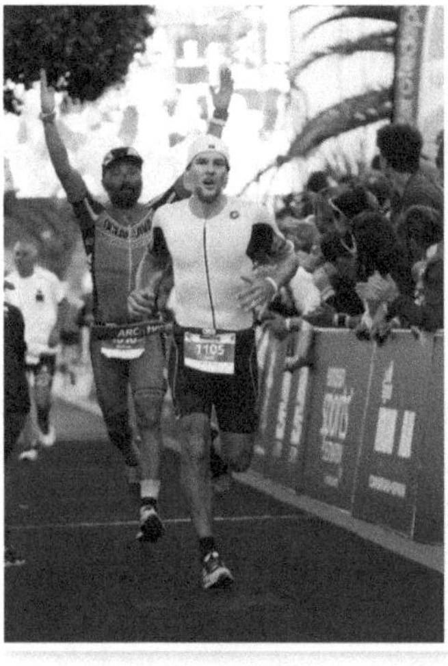

Getrieben vom absurden Ehrgeiz, diesen Typen vor mir in letzter Sekunde zu überholen.

Es ist mir gelungen: Mein Konkurrent, laut Ergebnisliste ein Italiener namens Matteo, verlangsamte den Schritt, erhob die Arme und tauchte ein in den Moment.

Ich stürzte wie im Wahn an ihm vorbei, sicherte mir einen Vorsprung von zwei Sekunden, belegte aufgrund meines sensationellen Zielsprints am Ende Platz 729 statt 730 in der Gesamtwertung und Platz 174 statt 175 in unserer Altersklasse.

Ein Platz auf Seite 16 der Ergebnisliste. Ein Platz, für den ich darauf verzichtet habe, nach einem der intensivsten Tage meines Lebens in einen magischen Augenblick einzutauchen.

Ich habe Matteo geschlagen. Gewonnen hat er.

***

Wir haben ein Waldstück erreicht. Der Schatten ist angenehm. Die Sonne fließt von schräg oben durch die Baumkronen und erhellt einige Stellen, auf denen Farnkraut, Moos und Klee wachsen.

»Was wünscht du dir?«, fragt Felix. »Was fehlt dir?«

»Gelassenheit«, antworte ich. »Oder sagen wir: die Leichtigkeit früherer Tage?«

Wir einigen uns darauf, dass es die *spielerische Leichtigkeit* ist, die mir fehlt. Früher war sie meine große Stärke. Das Vertrauen, mir überhaupt keine Gedanken darüber zu machen, was vor mir liegt. Das Leben und Erleben im Moment.

Ich spüre meine *spielerische Leichtigkeit* nur noch selten. Sie ist mir abhandengekommen.

Wir verlassen den Weg und stellen uns in den Wald. Ich stehe im grünen Klee. Felix bittet mich, die Augen zu schließen und zu spüren, wo ich mich befinde. Die Luft ist angenehm kühl. In den Bäumen sitzen zwitschernde Vögel. Der Boden ist nachgiebig und weich.

Felix leitet mich mit ruhigen Worten auf eine Zeitachse meines Lebens. »Wir begeben uns nun auf die Suche nach deiner *spielerischen Leichtigkeit*«, sagt er. »Heute mal nicht zu Fuß, sondern im Flug, aus der Vogelperspektive.«

Ich bin 48, dann 40, 30, 20 ... ein Teenager und schließlich ein Kind. Ich suche nach meiner *spielerischen Leichtigkeit*. Das fällt mir nicht leicht. Anfangs fühle ich mich überfordert, weil ich meine Sache natürlich gut machen will, und Felix am liebsten direkt ins Gesicht sagen würde, wo und wann ich meine Leichtigkeit verloren habe, damit wir sie gleich wieder mitnehmen können.

Ich suche nach Situationen, blättere durch ein imaginäres Fotoalbum, sehe mir Bilder aus meiner Kindheit an. Ich bin ziemlich viel am Grinsen. Ich sehe mich als Kind mit meinem Bruder. Wir kitzeln uns gegenseitig und quietschen vor Freude. Ich sehe mich als Jugendlicher, der sich in jeder freien Minute und bei jedem Wetter einen Fußball schnappt, der in den Matsch hechtet und so verdreckt nach Hause kommt, dass meine Mutter mir nahelegt, mich noch vor der Haustür bis auf die Unterhose auszuziehen. Ich sehe mich, wie ich zwei Wochen nach meinem Abi nach Rhodos fliege, um dort als Surflehrer zu arbeiten, wie ich Tretboote vermiete, Surfunterricht gebe, konstant pleite bin und trotzdem den Spaß meines Lebens habe. Ich sehe mich, wie ich als 23-jähriger Soziologiestudent in den Semesterferien mit einem Seesack nach Caracas fliege, weil sich das Wort Venezuela so hübsch anhört und das Ganze an der Karibik liegt, was nach Piraten und Abenteuer klingt.

Dann ... bleibe ich hängen.

Es ist die Zeit, in der ich als junger Journalist für eine große Zeitung arbeite, nach Berlin gehe, um von dort über Politik zu berichten. Ich habe einen Chef, der mich anschreit. Ich habe den Druck, nach Geschichten zu fahnden. Ich sitze mit Menschen beim Abendessen, die dem Ausschuss für Inneres oder dem Ausschuss für Verteidigung des Deutschen Bundestages angehören und mindestens doppelt so alt sind wie ich.

Ich habe eine starke berufliche Perspektive, ich habe ein gutes Einkommen, ich stehe auf der Karriereleiter, aber ich habe nicht besonders viel zu lachen.

Abends gehe ich früher nach Hause, um morgens bereit für die Welt der Politik zu ein. Ich weiß noch, dass mein bester Kumpel damals zu mir sagte: »Oh Mann ... du bist voll der Kontrolletti geworden.«

Ich habe diesen Job nach drei Jahren gekündigt. Weil ich unglücklich war zwischen all den Figuren in ihren dunkelgrauen und schwarzen Anzügen, mit ihren goldenen Krawattennadeln und hochgeknöpften Hemden, mit ihrem meinungsstarken Gehabe, das sie nur hinter vorgehaltener Hand in aufrichtiger Weise kundtaten.

Das alles liegt 20 Jahre zurück. Aber je mehr ich darüber nachdenke, desto sicherer bin ich mir, dass ich damals bei den grauen Herren einen Teil meiner Leichtigkeit verloren habe.

***

Wir verlassen das Waldstück und erreichen die Skisprungschanze Ramsau. Am Rand der Anlage, etwa auf Höhe des Schanzentischs, gibt es einen Standort, von dem die Trainer die Sprünge ihrer Athleten verfolgen. Hier machen wir eine Pause, blicken auf die Schanze, den Landehang und das gegenüberliegende Dachsteinmassiv.

Felix erzählt mir, wie der Trainer seines Teams einmal das Trainingsziel ausgab, nicht auf die technische Qualität des Sprungs zu achten, sondern einzig und alleine auf die Freude am Fliegen.

»Unser Trainer Günther sagte, er stehe hier mit seinem Fernglas und werde jedem von uns ins Gesicht sehen, wenn wir oben am Balken sitzen.

Er wolle sehen, wie wir grinsen. Er wolle unser Lausbubenlachen sehen. Mehr wolle er heute nicht von uns.«

Diese Einheit habe es nur dieses eine Mal gegeben. Ohne weiteren Kommentar. Aber Felix hat sie in seinem Bewusstsein bewahrt.

Als er beim letzten Großereignis seiner Karriere bei der WM in Oslo 2011 am Holmenkollen vor dem Teamwettbewerb der WM stand, waren er und sein Sprungpartner David Kreiner in schlechter Sprungform. Die Probedurchgänge liefen mies. Alles Mögliche hatten sie versucht, zu ändern, bis hin zur Schnürung der Schuhe. Nichts half.

Dann erinnerte sich Felix an diese eine Einheit. Also gaben sie sich gegenseitig die Aufgabe, dort oben noch einmal das Grinsen auszupacken. Noch einmal der junge Kerl zu sein, der einfach nur von dieser Schanze springen will.

Es wurden gute Sprünge. Die österreichische Staffel mit David Kreiner, Bernhard Gruber, Mario Stecher und Felix Gottwald wurde Weltmeister in der Nordischen Kombination von der Normalschanze und vier Tage darauf auch noch Weltmeister von der Großschanze.

Eine Woche später gab Felix in Lahti das Ende seiner Karriere bekannt.

Und ich? Will auch nach Lahti!

Allerdings nicht, um eine große Sportkarriere zu beenden. Sondern, um von dort in meine Zukunft zu starten. Als Sportler, der sein Alter berücksichtigt. Als entspannter Geist, den mein Körper nicht als Stressfaktor ... sondern als angenehmen Zeitgenossen wahrnimmt.

Hierfür benötige ich meine *spielerische Leichtigkeit*, der ich an diesem Tag verspreche, künftig wieder gemeinsame Sache mit ihr zu machen.

***

Dieser Weg ist steiler, als ich dachte.

Meinen Plan, mit der Gondel auf den Gipfel des Dachsteins zu fahren, um von dort symbolträchtig in die Ferne zu blicken, habe ich verworfen. Felix hat mir empfohlen, lieber den *Jungfrauensteig* zu erklimmen. Das sei das schönere Erlebnis.

Von meinem Hotel aus mache ich mich auf den Weg. Mittagschlaf lasse ich sein. Mittagessen auch. Laptop lasse ich zu. Eine Kundin ruft an, ich gehe nicht ran. Stattdessen laufe ich den Panoramaweg oberhalb des Ortes Ramsau in Richtung Edelbrunn, wo der Jungfrauensteig beginnt.

Unterwegs setze ich mich an einer Wiese auf eine Bank, blicke auf die gegenüberliegende Sprungschanze, lasse mein Gespräch mit Felix Revue passieren und mache mir Notizen in mein schwarzes Büchlein.

In Edelbrunn biegt der Weg ab und führt den Berg hinauf. Anfangs breit, dann als Pfad durch einen lichten Mischwald, der in der Sonne leuchtet.

Der Weg wird steiler, führt an einem Geröllfeld entlang, nun muss ich immer wieder die Hände zu Hilfe nehmen, greife an einen Fels oder halte mich an einer Wurzel fest, um nach oben zu steigen.

Es ist anstrengend, aber ich genieße jeden Schritt. Ich fühle den Untergrund durch die Sohle meiner Schuhe. Mal hart und mal weich. Ich spüre die Schwerkraft, die Anstrengung, meine Muskulatur und meinen Atem.

Es kommt mir vor, als würde ich diesen Weg nicht nur zurücklegen, sondern als wäre ich ein Teil dieses Weges, so achtsam und konzentriert steige ich nach oben, mit meinen Füßen, Beinen, Armen und Händen.

Uralter Fels und loser Kies, kein Stein wie ein anderer. Große Wurzeln und kleine Wurzeln, Gras und Kraut und lila Blümchen. Vögel zwitschern, der Wind rauscht durch die Blätter der Bäume und pfeift von den Felswänden herab. Von unten ist wie aus einer anderen Welt der leise Lärm der Straße zu hören. Oben thront der Dachstein, dabei thront er gar nicht. Er ist einfach da.

Natürlich läuft meine Pulsuhr.

Die Zeit steht nun bei 1:04 Stunden seit Abmarsch am Hotel, es sind 4,07 Kilometer, der Puls schlägt mit einer Frequenz von 106 Schlägen.

Felix meinte zuvor, es dauere nicht lange, den *Jungfrauensteig* hochzulaufen, er sei in etwa 40 Minuten oben. Das habe ich mir selbstverständlich gemerkt. 40 Minuten, die gar nicht vergleichbar sind, weil ich nicht weiß, von welchem Ausgangspunkt Felix startet.

Dennoch verspüre ich den Drang, zu beschleunigen. Prompt gerate ich auf lockerem Kies ins Rutschen, fange mich mit den Händen ab.

Nein, Axel, dies ist kein Wettkampf. Kein Run gegen die Uhr. Wir laufen hier einfach hoch. So, wie es uns gefällt. Alles andere würde dazu führen, dass wir nicht mehr hier bei uns sind, sondern im Niemandsland zwischen jetzt und dann.

Körper präsent. Herz noch unentschlossen. Kopf ist schon mal vorgerannt.

So ist es häufig. Aber heute ist es anders. Körper, Herz und Kopf kommen gleichzeitig an. Man hat hier eine Bank mit einem Tisch errichtet und im Fels fixiert.

Es ist wunderbar still. Der Blick geht weit.

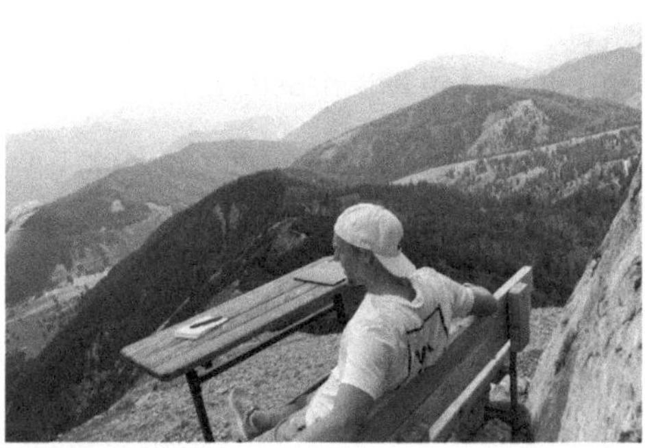

Ich setze mich und denke noch einmal darüber nach, wo ich meine *spielerische Leichtigkeit* verloren habe.

Ich glaube nicht, dass es das eine singuläre Ereignis gab, das mir die Leichtigkeit genommen hat. Tolle Eltern, toller Bruder, tolle Freunde. Kein Trauma, keine besonderen Probleme.

Auch kein Goldhamster, der gestorben ist.

Ich denke mir, dass es viele kleine Ereignisse waren, die dazu geführt haben, dass ich mich im Laufe meines Lebens in einem Konstrukt aus externer Erwartungshaltung und eigenen Ansprüchen verflochten habe.

Ein Skirennen als Achtjähriger, in der mich der strenge Trainer anherrschte, weil ich ihm einen zu unfokussierten Eindruck machte, und tatsächlich schied ich im Rennen aus, weil ich stürzte. Meine erste *Sechs* in einer Lateinaufgabe in der fünften Klasse, als meine Mutter mir klarmachte, dass die Schule nun nicht mehr funktionieren würde, ohne dafür zu lernen.

Aber das sind nur Randnotizen. Definitiv lande ich ein weiteres Mal bei meiner Zeit im politischen Berlin. Es mag ein Umfeld gewesen sein, in dem ich mich verbogen habe. Als ich Tag für Tag versuchte, die Erwartungen von Menschen zu erfüllen, die ich in Wahrheit verachtete.

Blicke ich in den Spiegel, dann habe ich das Gefühl, einen Menschen zu sehen, der sehr genau beobachtet, welche Wirkung er erzielt. Darüber möchte ich öfter hinwegsehen.

Ich nehme mein Büchlein und schreibe hinein: »Früher war ich von meiner Neugier getrieben. Heute bin ich davon getrieben, so zu sein, wie ich gerne wäre.«

***

Der Weg nach unten führt über ein Geröllfeld. Mit meinen Laufschuhen komme ich immer wieder ins Rutschen, man kann hier auch gut und gerne mit Bergschuhen und Laufstöcken unterwegs sein, aber ich konzentriere mich auf jeden einzelnen Schritt, und so geht es zügig voran.

Bald erreiche ich milderes Gelände. Weiche Erde mit Steinen, die zwischen einzelnen Grasbüscheln eingebettet sind.

In der *Brandalm* esse ich eine Nudelsuppe und Kasnocken mit Steirer Käse. Nebenbei gucke ich auf mein Handy. Ich lege es zur Seite, blicke in die Landschaft und sehe dem Wasser zu, das aus einer Leitung am Hang in einen ausgehölten Baumstamm plätschert.

Gegen Ende meines Wegs passiere ich eine Weide mit Pferden. Ich bleibe stehen, um ein paar Fotos zu machen, die Pferde strahlen eine besondere Ruhe aus, wie sie so dastehen und grasen, als würde nie wieder etwas anderes geschehen.

Ein Pferd bemerkt mich. Es trottet über die Wiese zu mir, streckt mir den Kopf entgegen und schnauft mir ins Gesicht. Ich schnaufe zurück.

Ich glaube, das Pferd mag mich. Vielleicht will es aber auch nur prüfen, ob ich (so wie die meisten Wanderer) einen Apfel dabei habe, den ich nicht mehr benötige.

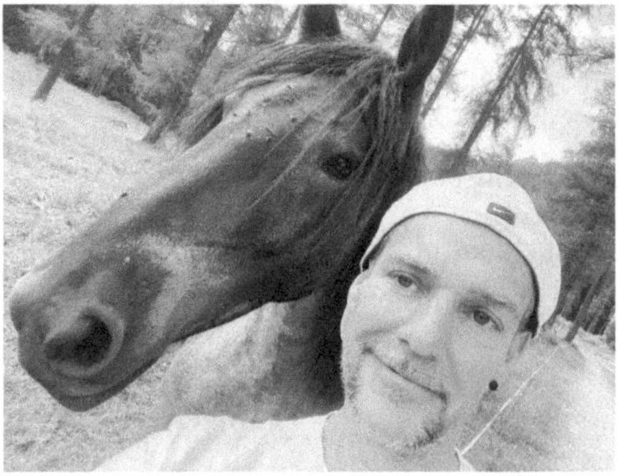

Es stupst mich an, knabbert mir am Arm und lutscht mir am Hals, der wahrscheinlich schön salzig schmeckt. Ich streichle dem Pferd über die Wange und fahre ihm durch die filzige Mähne.

Dann posieren wir für ein Selfie.

Das Pferd ist größer als ich. Schneller und stärker. Aber es macht keine Anstalten, mir irgendetwas davon zu beweisen. Stattdessen schnaubt es noch einmal, dreht ab, trabt leichtfüßigen Schrittes davon, senkt den Hals und beginnt wieder zu grasen.

FIND YOUR WAY

10 DER RAT DER ÄLTEREN

Mein Körper verändert sich, das ist deutlich zu spüren. Mein Verstand sagt mir, dass ich mich seltener pushen und häufiger zur Ruhe finden sollte. Ebenso deutlich kann ich aber auch spüren, dass ich überhaupt keine Lust dazu habe, mich zu bremsen. Mein Antrieb und meine Ambition sind Teil meines Charakters, Teil meiner Identität. Daran möchte ich nichts ändern.

Ich brauche eine neue Balance. Einen neuen Lebensstil.

Gleichzeitig möchte ich so bleiben, wie ich bin.

Kriegt man das hin?

Um das herauszufinden, habe ich mit Menschen gesprochen, die dem Sport sehr nahe stehen, die den Sport zu ihrem Beruf gemacht haben, die über Jahre hinweg mit all ihrer Hingabe für den Sport gelebt haben und dies noch immer tun. Jeder auf seine Weise.

Von den Begegnungen mit diesen Menschen möchte ich in diesem Kapitel erzählen. Sie werden uns davon berichten, wie sie in neue Phasen ihres Lebens eingetreten sind, und wie wichtig es ist, das Älterwerden nicht als lineare Erscheinung anzunehmen – sondern als Phänomen, dem wir mit all unserer Liebe zur Freiheit und Selbstbestimmung entgegentreten können.

Natürlich werden wir älter. Aber wie alt wir uns fühlen, das ist und bleibt unsere Sache.

***

Timothy Olson.

Der US-Amerikaner zählt zur Weltelite der Ultrarunner, zweimal gewann er den legendären Western States Endurance Run über 100 Meilen.

Als Ausdauersportler ist Timothy mit seinen gerade mal 40 Jahren zwar alles andere als alt. Aber das Gespräch mit ihm hat mich nachhaltig inspiriert.

Timothy dringt tief in die Natur vor. Und ich glaube, dass die Nähe zur Natur ein wichtiges Element ist, um die eigene sportliche Aktivität auch im Alter mit Bedeutung zu versehen.

Im Sommer 2021 stellte Timothy Olson einen Rekord auf dem *Pacific Crest Trail (PCT)* an der Westküste der USA auf: Er lief den 4.265 Kilometer langen Fernwanderweg von Mexiko bis Kanada in 51 Tagen, 16 Stunden und 55 Minuten.

Wir sprachen per Videocall. Timothy saß in der Sonne, auf einer Bank vor seinem Haus in Oregon. Er war gut gelaunt, trug Ohrstöpsel und eine Sonnenbrille, die nur leicht getönt war, sodass ich seine Augen sehen konnte.

Ich fragte ihn, wie diese 50 Tage in der Wildnis abliefen.

»Ich bin morgens um 5 Uhr aufgewacht und hatte keine Ahnung, wie ich schon wieder 80 Kilometer durch die Wildnis rennen sollte. Ich habe mir einen Proteindrink aufgemacht und versucht, mit der Massagerolle meine Muskeln aufzuwecken. Dann bin ich losgelaufen und habe nach ein oder zwei Meilen erst einmal meditiert.«

»Was ging dir durch den Kopf?«

»Für mich waren diese zehn Minuten die wichtigste Zeit des Tages. Ich habe ruhig geatmet und einen Bodyscan durchgeführt. Was sagen die Oberschenkel? Wie geht's der Achillessehne? Zwickt die linke Wade noch? Ich kann jedem Sportler empfehlen, den Körper mit einer täglichen Meditation innerlich abzutasten. Du erhältst wichtige Informationen, um Verletzungen zu vermeiden. Außerdem verrät dir dein Puls, ob du intensiv trainieren kannst oder dich lieber ausruhen solltest.«

Es ist das, was ich mir für die kommenden Jahre vornehme. Meinem Körper zuzuhören. Er teilt mir so viel mit, berichtet mir, wie es ihm geht, erzählt mir, was ihn bewegt.

Und ich? Bin viel zu busy, um mich darum zu kümmern.

Ich habe inzwischen selbst einige Male einen Bodyscan durchgeführt, und ich denke, dass ich es als tägliche Morgenroutine einführen werde. Der Austausch mit dem Körper ist aufschlussreich. Er tut mir gut und verändert die Art und Weise, wie ich den Rest des Tages mit mir umgehe.

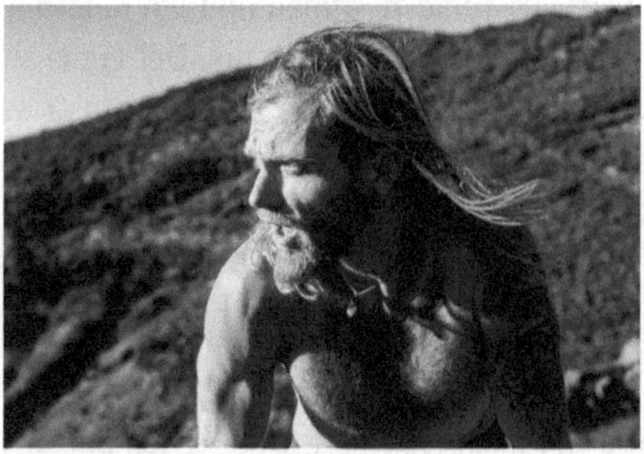

Ich frage Timothy, ob ihm während der 4.000 Kilometer auf dem *Pacific Crest Trail* auch mal langweilig war. Er schüttelt den Kopf: »Zu keiner Sekunde. Ich habe die Schönheit der Umgebung so intensiv wahrgenommen. Irgendwann hatte ich das Gefühl, 16 Stunden am Tag wie ein Tier durch die Natur zu streifen, ihre Botschaften aufzunehmen und mit ihr zu verschmelzen. Als mich eine Klapperschlange haarscharf verfehlte, machte mir das keine Angst. Stattdessen dachte ich mir, dass ich es dankbar aufnehme – als meinen Rattlesnake-Download, in der Dämmerung besser aufzupassen. Hier draußen habe ich gelernt: Die Natur ist der Boss. Du musst dich mit ihr bewegen, denn du wirst dich niemals gegen sie durchsetzen.«

Als ich ihn frage, welchen Moment er von seinem wochenlangen Lauf durch die Wildnis am klarsten in Erinnerung habe, nimmt Timothy die Sonnenbrille ab. Seine blauen Augen leuchten. Er streift sich die Haare aus der Stirn, die ihm der Wind immer wieder ins Gesicht bläst.

»Oben in Oregon kam es zu einer Begegnung, die für immer bei mir bleiben wird: Ich hatte kurz vorher meine Crew getroffen, die mich mit Wasser für die nächsten Tage und ein paar frischen Tacos versorgt hatte. Es war gegen neun Uhr abends, tief im Unterholz. Ich sah eine dunkle Silhouette, leuchtete mit der Stirnlampe und plötzlich stand ich Auge in Auge mit dem größten Puma, den ich je gesehen habe. Ich dachte, der frisst mich. Noch dazu mit den duftenden Tacos, die ich vor der Brust trug. Ich habe versucht, ruhig zu atmen und bin langsam weitergangen. Nach ein paar Schritten drehte ich mich um. Der Puma senkte den Kopf, und es sah fast so aus, als nickte er mir zu, ehe auch er weiterlief. Es war wirklich magisch, der König des Waldes gab mir die Erlaubnis, zu passieren! In diesem Moment fühlte ich mich voll und ganz von der Natur akzeptiert. Für mich war es die spirituelle Bestätigung, dass ich das Richtige tat: weil ich meiner Intuition gefolgt bin und hier draußen war, um mich mit der Natur zu verbinden.«

Diese Geschichte hat mich fasziniert. Und als ich am Dachstein auf das freundliche Pferd traf, fühlte ich mich an dieses Erlebnis von Timothy erinnert.

Okay ... wir wollen das korrekt einordnen: Timothy Olson rennt durch die Rocky Mountains, schläft im Wald, legt mehr als 4.000 Kilometer zurück und trifft im Dunkeln auf einen Puma. Ich wandere durch die Ramsau und streichle auf dem Rückweg ins Hotel ein Pferd.

Aber! Ich fühlte mich in diesem Moment ebenso mit der Natur verbunden. Für mich war dieser Moment von großer Aussagekraft. Er hat mir ein Gefühl dafür gegeben, wohin ich mich in den kommenden Jahren entwickeln möchte, wohin mein Weg mich führen soll.

Ich möchte mich weniger von außen betrachten und stattdessen wieder näher zu mir finden. Zu meiner Natur. Und zur Natur, in der ich mich bewege.

***

Ivica Kostelić.

Ein großer Sportler, ein großartiger Mensch. Mit ihm habe ich auf dem Höhepunkt seiner Karriere als Profisportler gesprochen, als er im Jahr 2011 gerade den Gesamtweltcup gewonnen hatte, als bester Alpinskifahrer der Welt.

Zehn Jahre später habe ich wieder mit ihm gesprochen. Nun war er kein Skiprofi mehr, sondern ein sportbegeisterter Mensch, der gerade dabei ist, sich auf den Weg in das Leben danach zu begeben. Ich fragte ihn, ob es hart gewesen sei, aufzuhören. Ivica antwortete, es sei nicht hart gewesen aufzuhören, es sei vielmehr hart gewesen, Skiprofi zu sein. Dennoch habe er zu keiner Sekunde die Lust verspürt, sich zurückzulehnen und auf den Sport zu verzichten.

Über den Sport, den wir treiben, in welchem Alter auch immer, sagte er mir: »Wir leben ja generell in zwei Welten. Es gibt die Welt dort draußen, die alle Menschen miteinander teilen. Und es gibt die Welt in uns. Wenn du ferne Länder bereist, dann prägt das deine Persönlichkeit. Weil du andere Kulturen kennenlernst und neue Zusammenhänge begreifst. Wenn du Sport treibst, begibst du dich ebenso auf eine Reise. Du bist körperlich aktiv. Gleichzeitig entdeckst du neue Orte in dir selbst. Du findest Grenzen, testest sie aus und lernst, sie zu verschieben. So gewinnst du das Selbstvertrauen, auch in anderen Bereichen deines Lebens an Grenzen zu stoßen, ohne Angst vor ihnen zu haben. Weil Grenzen so natürlich sind wie wir selbst. Wo in deinem Leben du dich auch befindest. Deine Grenzen werden immer anders sein, aber sie sind da. Und sie warten darauf, von dir entdeckt zu werden.«

Das Entdecken, Annehmen und Erleben von Grenzen ist ein elementarer Punkt. Natürlich ändert sich das, was wir körperlich zu leisten in der Lage sind. Aber das ist auch gar nicht so wichtig.

Als ich mit Professor Froböse in Köln spazieren war, erzählte er mir, dass in vielen anderen Kulturen ein völlig anderer Blick darauf herrsche, was

Leistung tatsächlich bedeute, gerade in dem Bezug auf die Leistungen älterer Menschen.

Ein 80-Jähriger, der die 100 Meter in weniger als 20 Sekunden läuft, vollbringt eine ganze andere Leistung als ein 18-Jähriger, der die Strecke in 12 Sekunden absolviert.

Ich habe gerade mal nachgeguckt: Der Deutsche Hartmut Krämer hat bei der Masters-WM 2022 im finnischen Tampere den M80-Weltrekord des US-Amerikaner Payton Jordan aus dem Jahr 1997 um vier Hundertstelsekunden unterboten. Krämer lief die 100 Meter in 14,31 Sekunden.

Mit 80 Jahren. Das ist unfassbar schnell.

Es geht darum, sich immer wieder neue Herausforderungen zu suchen. Und die gute Nachricht ist: davon gibt es unendlich viele. Jeder von uns hat die Wahl, welche Herausforderung am heutigen Tag die seine sein soll.

Ivica sagt, er persönlich verstehe nicht, warum so mancher Profi mit Ende seiner Karriere dem Sport entsage. »Das könnte ich nicht. Ich muss mich bewegen, nach ein paar Tagen muss ich es einfach tun. Ein Leben ohne Aktivität ist verschwendet. Du lernst dein Potenzial nicht kennen. Beim Trainieren geht es nicht nur um die physische Anstrengung. Es geht auch um die mentale Leistung. Wir sind dafür gemacht, uns zu bewegen. Wir haben zwei Beine und zwei Arme. Wir haben einen Körper, und wir haben einen Geist. Die Verbindung aus beidem, das ist es, was uns zu Menschen macht.«

Ivica Kostelić hat mit Abschluss seiner aktiven Karriere als Skirennläufer ein neues Kapitel aufgeschlagen. Neue Herausforderung, neues Glück: Er ist jetzt ein Segler.

Inzwischen hat er sich mit seinem eigenen Boot als Skipper etabliert, mit seiner 40 Fuß langen Segelyacht nimmt er an Hochseeregatten teil. Im November 2021 absolvierte Ivica sein erstes Transatlantikrennen, wurde 17. bei der *Transat Jacques Vabre* von Le Havre nach Martinique.

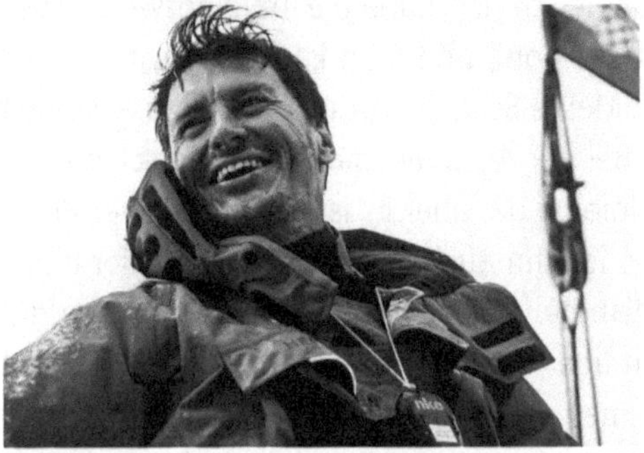

2022 startete er bei der *Route du Rhum* von Frankreich nach Guadeloupe, der größten Regatta für Solo-Segler über den Atlantik. Aufgrund technischer Probleme an seinem Boot musste er das Rennen abbrechen. Aber natürlich geht es weiter.

Ivicas Reise auf dem Ozean hat gerade erst begonnen.

»Segeln hat mich immer fasziniert. Weil es nicht nur ein Wettkampf ist, sondern gleichzeitig ein Abenteuer. Wasser ist die größte Kraft auf diesem Planeten, in diesem Element bewegst du dich mithilfe des Windes. Das hat etwas Magisches. Mehrere Tage auf dem offenen Meer zu segeln, ist bereits eine Herausforderung. Wenn du aber in einem Sturm unter schwierigsten Bedingungen auch noch schnell sein möchtest, dann ist das eine unglaublich intensive Erfahrung. Objektiv betrachtet, bist du in Gefahr. Aber du agierst rational, genießt es sogar, weil du dich an die Bedingungen gewöhnt hast. Sich in einer extremen Situation komfortabel zu fühlen, hat etwas Erhabenes. Ich segle auch, weil ich Angst habe und diese überwinden möchte.«

Ivica hat seinen neuen Weg gefunden. Die perfekte Herausforderung zur richtigen Zeit. Er segelt über die Meere, zudem fährt er weiterhin Ski, läuft Touren oder sitzt auf dem Bike.

Spürt er als Sportler, dass er nicht mehr die physische Leistungsfähigkeit früherer Tage besitzt?

»Na klar, das spüre ich. Ich habe die Trainingswerte aus meiner aktiven Laufbahn noch im Kopf, und man kann es gar nicht lassen, sich damit zu vergleichen. Meine Schnellkraft und auch die allgemeine Kraft haben nachgelassen. Bei der Ausdauer sind die Unterschiede eher gering. Eine gewisse Nostalgie ist da, aber es ist ein natürlicher Prozess, und als solchen akzeptiere ich ihn auch. Niemand kommt hier lebend raus. Das ist die einfache Wahrheit. Deshalb halte ich es für keine gute Idee, sich zu viele Gedanken über das Altern zu machen. Ich persönlich habe mir vorgenommen, immer wieder an meine Grenzen zu gehen, wo auch immer diese in Zukunft liegen mögen. Das Schöne ist doch: Es geht jetzt nicht mehr um Ergebnisse, sondern nur noch um uns selbst. Also passt eure Ziele an ... und genießt die Reise!«

***

Robby Naish.

Wir bleiben auf dem Meer. Und kommen zu einer Persönlichkeit, die seit Jahrzehnten dafür steht, dass man dem Älterwerden als Sportler mit aller Coolness begegnen kann.

Als Robby Naish in die Stadt kam, lief ich aufgeregt zu meiner Freundin und rief: »Robby Naish kommt in die Stadt!« – Sie antwortete: »Wer ist Robby Naish?«

Daher an dieser Stelle in kurzen Worten: Robby Naish ist Robby Naish. Weltmeister im Windsurfen im Alter von 13 Jahren. Bis heute 24 WM-Titel im Windsurfen und Kitesurfen. Aufgewachsen auf Oahu (Hawaii), hat der gebürtige Kalifornier sich immer wieder neu erfunden, er gilt als einer der Väter des Stand-up-Paddlings und ist das, was man eine lebende Legende nennen darf.

Ich traf Robby Naish am Rande seiner PR-Tour für den Film *The Longest Wave*. Haut von Salz und Sonne gegerbt, schmächtiger, als ich dachte, aber das ist häufig so, wenn man eine prominente Person trifft, die man nur aus Filmen oder von Abbildungen kennt.

Die Realität präsentiert uns auch den größten Star in seiner natürlichen Größe.

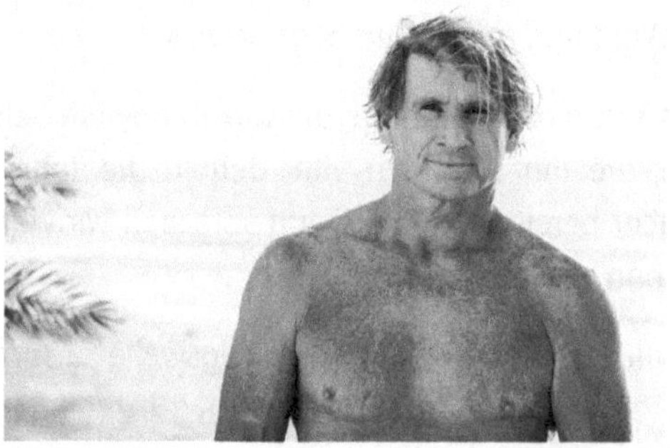

Absolut real ist Robbys Gelassenheit. Nicht gewollt, einfach cool. Cap, Jeans, T-Shirt. Für das Interview will er nicht in den vorgesehenen, geschlossenen Raum, sondern einfach vor dem Kino an einem Tisch auf der Terrasse platznehmen.

In der Doku *The Longest Wave* gibt Robby Naish unerwartet ehrliche Einblicke in sein Seelenleben. Ich frage ihn, ob das so geplant gewesen sei. »Nicht unbedingt«, sagt er, »die Dreharbeiten fielen in eine schwere Zeit. Ich hatte eine Scheidung zu verarbeiten, brach mir das Becken und den Fuß, meine Firma geriet in Schieflage. Und weil wir auch noch Pech auf der Suche nach langen Wellen hatten, wurde es ein anderer Film.«

So sei es »ein Film über die Zeit« geworden: »Darüber, wie die Uhr tickt. Wie wir älter werden und mit Veränderungen umgehen.«

Robby ist inzwischen 60 geworden.

Ich frage ihn, welche für ihn die beste Zeit gewesen sei und denke, er würde nun in seinen Erinnerungen nach einigen Highlights kramen. Stattdessen sagt er, ohne nachzudenken: »Die beste Zeit ist die, in der ich mich gerade befinde. Nur die Vielfalt hat es über die Jahre so aufregend gemacht. Wäre ich immer noch Robby Naish, der Windsurfer, würden die

Leute wohl sagen: ‚Sieh mal, das ist der Typ, der in den 1980-Jahren hängen geblieben ist. Jetzt reist er um die Welt und fragt alle, ob sie sich an ihn erinnern.' Wir haben immer wieder neue Spielarten des Surfens kreiert, und das ist wundervoll, denn so kann ich auch heute noch Menschen für den Wind und die Wellen begeistern.«

Zwischendurch kommen Passanten, um mit Robby ein Selfie zu machen. Es sind einige, die ihn erkennen, ihn, den in die Jahre gekommenen Sportler. Er macht bereitwillig mit. Dann sprechen wir weiter. Er mit sehr ruhiger, fast schon leiser Stimme.

»Was ist der Schlüssel, so lange auf der Erfolgswelle zu surfen?«

»Glück!«

»Einfach nur Glück? War das nicht harte Arbeit?«

»Ich denke, dass man Glück erschaffen kann. Du kannst so leben, dass deine Chancen auf Glück eher gering sind. Du kannst aber auch so leben, dass du dir gute Möglichkeiten eröffnest, Glück zu haben. Millionen von Umständen und Gegebenheiten liegen allerdings außerhalb unserer Kontrolle. Ohne Glück wäre ich also nicht dort, wo ich heute bin.«

Robby Naish ist bescheiden, und es wirkt nicht aufgesetzt. Was ist ihm wichtiger: Spaß oder Performance? – Er sagt: »Mir ist beides wichtig: weil ich keinen Spaß habe, wenn ich nicht performe. Auch wenn ich mit einem Longboard auf einer kleinen Welle stehe, will ich das möglichst gut machen. Das wird respektiert, und so macht der Sport am meisten Spaß. Was du tust, muss nicht extrem sein. Aber du solltest es mit Stil tun.«

Dieser Satz hat mir sehr gut gefallen. Auch deshalb, weil Stil so viel beinhaltet. Die Art und Weise, wie ich gewinne. Aber auch, wie ich verliere. Wie ich mit meiner Leistung umgehe. Und wie ich mich anderen Sportlern gegenüber verhalte.

Ich hätte Robby Naish lauter und energischer in seinem Auftreten erwartet. Zu genau kenne ich die Bilder, wie er an Mauis Nordküste die 20 Meter hohen Wellen von *Jaws* abreitet. Man kann das kaum noch als Surfen bezeichnen. Es hat eher was von Drachentöten.

Der Drachentöter Robby hat es nicht nötig, seine großen Taten zu besingen. Er ist lieber offen. Über das Meer sagt er: »Der Ozean ist mein Spielplatz. Aber er ist nicht mein Zuhause. Ich mag keine Boote. Ich tauche nicht gerne. Und ich esse keinen Fisch. Ich liebe das Surfen, aber ich liebe es ebenso, am Ende meiner Session zurück an Land zu kommen.«

»Bist du an Land und auf dem Wasser der Gleiche? Oder gibt es zwei Robbys?«

»Auf dem Wasser fühlt sich alles auf einfache Weise echt und richtig an. Während ich an Land noch immer versuche, herauszufinden, wer ich wirklich bin. Das Meer reinigt den Körper, den Geist und die Seele, hier konnte und kann ich alles abwaschen, was mich an Land aufwühlt. Und ich muss gestehen, dass ich mich an Land meistens unwohl fühle. Als ich jung war, konnte ich mich gut fokussieren und Ablenkung vermeiden. Mit der Zeit sammelst du Dinge wie Verantwortung, Liebe, Besitz und das vereinnahmt dich. Ich versuche, alles so gut wie möglich zu machen, aber ich habe das Gefühl, mit zu vielen Bällen zu jonglieren. So muss ich die ganze Zeit aufpassen, keinen wichtigen Ball fallen zu lassen.«

»Wie wär's mit weniger Bällen?«

»Das habe ich mir auch schon gedacht. Aber je mehr ich daran arbeite, mein Leben zu vereinfachen, desto komplizierter scheint es zu werden.«

»Ist es schwer, sein Leben lang eine Legende zu bleiben?«, frage ich.

Robby rückt sich das Cap zurecht und stößt einen Seufzer aus, der zweifellos von Herzen kommt: »Ich habe schon daran geknabbert, dass ich mit den jungen Athleten nicht mehr mithalten kann. Und in den vergangenen Jahren lief so viel schief, dass ich zwischenzeitlich das Gefühl hatte, in einem Set großer Wellen gefangen zu sein, die mir eine nach der anderen auf den Kopf krachen. Aber ich habe nicht aufgehört zu paddeln. Jetzt freue ich mich auf die nächste schöne Welle.«

»Keine Lust, am Strand zu liegen und nichts zu tun?«

»Auf keinen Fall. Aber ich werde entspannter unterwegs sein als früher. In Zukunft möchte ich nicht nur mein Ding durchziehen, sondern Tag für Tag noch offener für all die schönen Dinge sein, die mich umgeben.«

***

Hanspeter Eisendle.

Kein allzu bekannter Name, und das hat seinen Grund. Weil Hanspeter kein Mensch ist, der in den Vordergrund drängt. Jahrzehntelang hat er große Berge bestiegen, von Patagonien bis ins Himalaya.

Besonders aktiv ist er immer in seiner Heimat geblieben. In den Dolomiten hat er zahlreiche Erstbegehungen und Sportkletterrouten im 10. Schwierigkeitsgrad absolviert. Für diejenigen, die sich mit dem Klettern nicht so gut auskennen: Das sind Wände, bei denen man als normaler Mensch nicht auf die Idee käme, dass man sie hochklettern kann.

Hanspeter Eisendle ist das, was man ein *Urgestein* nennt.

Es heißt, dass kaum einer die Dolomiten besser kenne, als er.

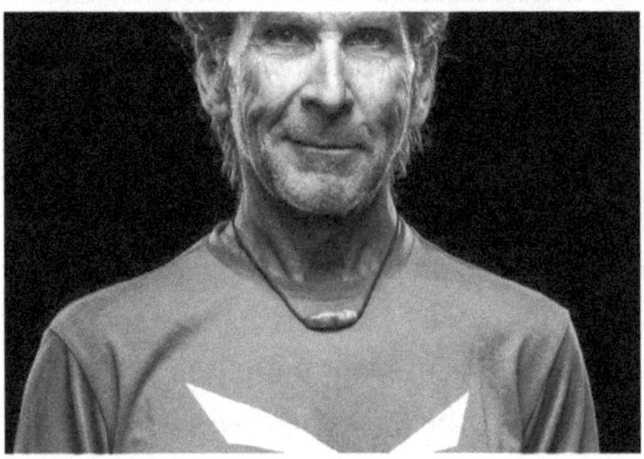

Hanspeter war ein junger Kerl von 26 Jahren, hatte gerade erst die Prüfung zum Bergführer bestanden, als ihn völlig unerwartet Reinhold Messner anrief, um ihn zu einer Expedition auf den 8.188 Meter hohen Cho Oyu im Himalaya einzuladen.

»Reinhold sagte mir, ich solle mir das ruhig ein paar Wochen lang überlegen«, erinnert sich Hanspeter.

»Wie lange hast du überlegt?«

»Drei Minuten. Ich habe das Telefon genommen und ihm gesagt, dass ich dabei bin. Zehn Minuten später saß ich beim Schuldirektor und kündigte meine Stelle als Kunsterzieher. Ich weiß nicht, wie mein Leben verlaufen wäre, hätte ich mich anders entschieden. Aber mit dieser Begrenztheit des Menschseins muss man sich wohl abfinden. Ich denke, es ist egal, was man im Leben macht. Wichtig ist, wie man es macht.«

Als ich mit Hanspeter Eisendle spreche, ist er 65 Jahre alt. Wie geht er heute mit seiner abnehmenden Leistungsfähigkeit um?

»Ich weiß, dass es so ist und versuche, mit Achtsamkeit zu begleiten, wie es sich effektiv auswirkt.«

»Ist das nicht frustrierend?«

»Einige Bergsteiger unter meinen Freunden, die stark in der Öffentlichkeit stehen, haben größere Probleme, ihr fortschreitendes Alter in ihre Karriere zu integrieren. Ich muss ja nur mit mir selbst zurechtkommen. Früher dachte ich, man würde nostalgisch, wenn man nicht mehr im zehnten Grad klettern kann. Die Wirklichkeit ist, dass es mich inzwischen vor solchen extrem überhängenden, kleingriffigen Touren graust. Das Vergangene ist geschehen, meine Gegenwart ist unglaublich spannend, und ich gestalte sie so, dass sie mich optimal fordert. Nur weil die Leistungsfähigkeit abnimmt, gilt das noch lange nicht für die Leidenschaft.«

Hanspeter Eisendle arbeitet noch immer als Bergführer in seinen geliebten Dolomiten.

»Wie sieht's mit der Ausdauer auf Skitouren aus?«, frage ich ihn.

»Eine Stunde irgendwo hochzusprinten, läuft nicht mehr so gut. Aber in Sachen Leidensfähigkeit und langer Ausdauer bin ich sogar stärker geworden. Auch die Intimität mit den Bergen wächst noch immer. Ich fühle mich als Teil der Berge, und dieses Gefühl nimmt weiter zu.«

Was ist Hanspeters Rezept, das Leben auch in Zukunft zu genießen?

»Ich denke, wenn man das Leben realistisch sieht, dann ist es einfach wild. Man muss sich nicht immer in Sicherheit befinden. Wenn der Wind stark geht und man einen geschützten Platz hinter einem Stein findet, dann ist das ein kleines Glück. Solche Momente gibt es Millionen im Leben. Wenn man sie zu schätzen weiß.«

* * *

Mark Allen.

Im Triathlon gab es ein legendäres Duell, das als *The Iron War* in die Sportgeschichte einging. Im Jahr 1989 absolvieren Dave Scott und Mark Allen fast die gesamte Distanz des Ironman® Hawaii nebeneinander. Sie schwimmen gemeinsam. Sie jagen sich auf dem Rad. Gegen Ende des Marathons laufen sie noch immer Schulter an Schulter. Ein Kopf-an-Kopf-Rennen. Acht Stunden am Limit.

Dave Scott hat bis dahin sechsmal auf Hawaii triumphiert. Er ist der Größte. Der vier Jahre jüngere Mark Allen will ihn besiegen. Auf der Laufstrecke gehen die beiden eine wahnsinnige Pace. Die Siegerzeit des Marathons wird nach diesem Rennen noch 27 Jahre lang bestehen.

Drei Kilometer vor dem Ziel kann sich Mark Allen absetzen. Er gewinnt mit 58 Sekunden Vorsprung den WM-Titel, beendet die Ära des Dave Scott und triumphiert in den kommenden Jahren selbst noch fünf weitere Male auf Hawaii.

An diesem Tag, dem 16. Oktober 1989, ist Mark Allen der härteste Athlet der Welt. Als ich im März 2023 mit ihm spreche, ist er 65 Jahre alt. Ich frage ihn, ob es einen Moment in seinem Leben gab, an dem ihm klar wurde, dass er von nun an nicht mehr besser, nicht mehr schneller, nie wieder stärker werden würde. – Ja, diesen Moment habe es gegeben, sagt Mark.

»Mit etwa 33 oder 34 Jahren habe ich damit angefangen, mir als Triathlet Gedanken über mein Alter zu machen. Ich merkte, dass meine Resilienz abnahm und meine Erholung mehr Zeit benötigte. Ich begann mit gezieltem Krafttraining, was ich zuvor nicht getan hatte. In der Folge machte ich noch einmal einen spürbaren Schritt nach vorne. Im Alter von 35 Jahren war ich wohl auf dem Peak meiner Leistungsfähigkeit. Mit 37 gings dann spürbar bergab. Ich war immer noch schnell, hatte immer noch eine gute Ausdauer, aber ich musste mehr investieren und mehr regenerieren. Der Aufwand, gleich gut zu bleiben, wurde höher. Bei meinem letzten WM-Titel auf Hawaii schlug ich den damals aufstrebenden Thomas Hellriegel. Nun war ich 38 Jahre alt. Ich absolvierte im Folgejahr noch einige Kurzdistanzen. Das lief ganz gut, aber ich spürte, dass ich meine Form nur noch aufrechterhalten würde, wenn mein Körper einen Preis dafür bezahlen würde. Ich habe Profis gesehen, die sich verheizt haben. Das wollte ich mir nicht antun. Mein letztes Rennen war in Phuket. Ich wurde Zweiter hinter Simon Lessing, zu dieser Zeit der vielleicht weltbeste Triathlet auf der Kurzdistanz. Einige andere Topleute ließ ich hinter mir. Sie sagten zu mir: Nur 12 Sekunden hinter Simon Lessing? Du bist noch so stark! Warum hörst du auf? Ich gab zurück, dass ich meinen Körper kenne und dass es an der Zeit sei, aufzuhören. Als ich nach diesem Rennen mein Bike einpackte, wusste ich, dass ich nie wieder so fit sein würde, wie an diesem Tag. Ich spürte genau: Mark, das war's.«

Es sei ein seltsames Gefühl gewesen. An diesem Tag hätten zwei Herzen in seiner Brust geschlagen, sagt Mark. Einerseits sei es ihm schwer gefallen, zu akzeptieren, dass er von nun an nur noch schwächer würde. Andererseits habe er sich erlöst gefühlt, nicht mehr so fokussiert und diszipliniert sein zu müssen.

Er flog von Thailand nach Hause und reduzierte sukzessive die Intensität seines Trainings, bis er das Gefühl hatte, eine Art von Training gefunden zu haben, das ihm dabei helfen würde, viele Jahre lang gesund und zufrieden Sport zu treiben.

Hat er noch einmal einen Triathlon bestritten?

»Nein, nie wieder.«

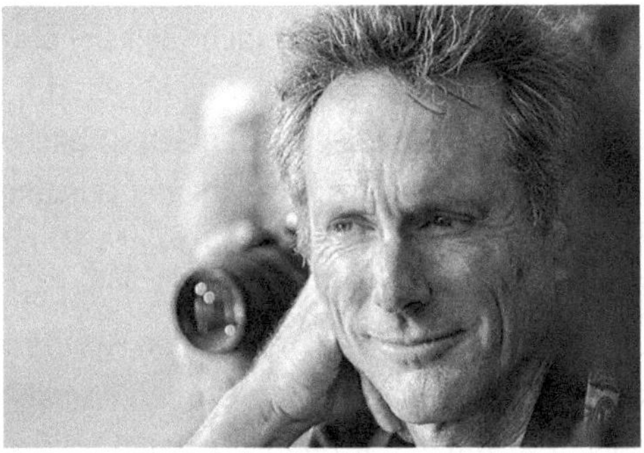

Heute, mehr als 25 Jahre später, treibt Mark noch immer jeden Tag Sport. Er wohnt zwei Blocks vom Pazifik entfernt im kalifornischen Santa Cruz. Bei Sonnenaufgang läuft er gerne zum Meer und geht zum Surfen. Er war nie ein großartiger Surfer, sagt er, umso mehr freute er sich darüber, dass er im Alter von 40 und 50 Jahren die Möglichkeit hatte, besser darin zu werden.

Inzwischen würden die Tage, an denen es eher nicht so gut laufe, allerdings mehr und mehr. Und wenn er mal einen komplett schlechten Tag erwische, dann sei dieser auch richtig schlecht.

»Du kannst frustriert sein. Oder du denkst dir: Okay, hier bin ich! Jetzt versuche ich wenigstens, die Session besser zu beenden, als ich sie begonnen habe. Das ist auch schon ein Erfolg. Und ganz egal, wie es läuft: Am Ende kann ich stolz darauf sein, dass ich hier draußen bin. Weil ich genau das Richtige tue.«

Je nach Laune geht Mark mit Freunden zum Radfahren, absolviert eine Einheit Krafttraining oder unternimmt einen Abendspaziergang. Ganz entspannt.

Aber ist es nicht so, dass ein Ex-Profi gegenüber uns Hobbysportlern einen großen Vorteil hat? Schließlich konnte er der Welt dort draußen jahrelang zeigen, was er draufhat. Was für ein harter Kerl er ist. Fällt ihm der gepflegte Müßiggang deshalb leichter ... als mir?

»Das kann schon sein«, sagt Mark. »Aber faktisch ändert es nichts an der Tatsache, dass du Sport treiben solltest, weil er dir guttut. Sport sollte den Stress in deinem Leben reduzieren. Wenn er dich stresst, weil er dich frustriert, dann bist du wahrscheinlich auf dem falschen Weg. Das macht dir nicht nur schlechte Laune, es geht dir auch an die Fitness. Fordere dich. Aber genieße es noch mehr als früher.«

Ich erzähle Mark davon, dass ich mit meinen 48 Jahren noch immer den Drang verspüre, stärker zu werden. Dass ich noch immer versuche, schneller zu sein als je zuvor.

Was das angeht, hat er einen klaren Rat für mich: »Vergiss es. Du wirst nicht mehr so schnell, wie du warst. Versuche nicht, als 48-Jähriger gegen dein 35-jähriges Selbst anzutreten. Damit tust du dir keinen Gefallen. Du hast keine Chance gegen dich. Du wirst verlieren.«

Was rät mir Mark Allen für die Zukunft?

»Jeder muss seinen eigenen Weg finden. Was du benötigst, ist eine Veränderung im Mindset. Und die fällt vielen sportlichen Menschen schwer. Dabei ist es gar nicht so kompliziert. Das ist keine Herz-OP. Frage dich ganz einfach: Wie kann ich mein Training und meine Ernährung, mein ganzes Set-up so optimieren, damit ich der Schnellste bin, der ich sein kann. Hier und heute, so wie ich bin. Und so geht es weiter: morgen, übermorgen, das nächste Jahr und im nächsten Jahrzehnt. Vielleicht könntest du heute noch einmal fünf Prozent mehr aus dir rausquetschen. Aber dafür wirst du später den doppelten Preis zahlen. Je älter du wirst, desto klüger musst du es anstellen, dich zu verausgaben. Das Gute daran ist, dass du aufgrund deiner Erfahrung genug Informationen hast, um dich verlässlich einzuschätzen. Vertraue auf dein Gefühl.«

Mark sagt, er sehe Menschen, die zu viel machten. Und Menschen, die zu wenig machten. Es gehe darum, die Balance zu finden, die eigenen Routinen immer wieder anzupassen und zu justieren, was aber auch kein Hexenwerk sei: »Die Mitte zwischen zu viel und zu wenig ist breit genug, um seinen Weg darauf zu finden.«

Das höre ich gerne. Endlich ist von einem *Mittleren Weg* die Rede, der breit genug für mich sein könnte. Aber bleibt es nicht trotzdem ein ewiger Kampf? Sich gegen das Älterwerden, gegen den körperlichen Abbau zu wehren?

»Du wirst älter. Und du wirst sterben. Das kannst du nicht wegtrainieren. Aber du kannst versuchen, so lange wie möglich fit zu bleiben. Dabei geht es vor allem um Konsistenz. Wenn du jeden Abend ein Bier trinkst, wird das deine Performance schmälern. Wenn du ab und zu ein Bier trinkst, wird dir das nicht schaden und wahrscheinlich sogar deiner Seele guttun. Wenn ich mit Leuten zum Essen gehe, dann gucken immer alle: Hey, was isst Mark Allen? Ich sage ihnen dann: ‚Guckt nicht, was ich heute Abend esse. Kommt zu mir nach Hause und schaut in meinen Kühlschrank. Dass ich heute ein Eis esse und ein Glas Wein dazu trinke, sagt nichts über mich.' Du musst kein Asket sein, um gesund und erfolgreich zu sein.«

Mark arbeitet derzeit an einer App für Sportler ab einem Alter von 50 Jahren. Dabei geht es um drei wesentliche Komponenten: Bewegung, Ernährung und Entspannung.

Wer diese Faktoren in konsistenter Weise in Einklang bringt, der ist auf einem guten Weg.

Abschließende Botschaft des sechsfachen Ironman®-Weltmeisters an uns alle?

»Sport ist nicht das Ergebnis. Es ist die Reise. Egal, in welchem Alter.«

11 IN UNSERER NATUR

Athen ächzt. Das Thermometer klettert auf 39 Grad Celsius.

»Heute geht's«, sagt der Taxifahrer. »Gestern waren es 45 Grad.«

Piräus, das ist der Hafen von Athen, und das ist sehr viel Beton. An den Kais rund um das Hafenbecken liegen die Fähren mit ihren großen Bäuchen aus Stahl. Einige dieseln vor sich hin, andere warten auf den nächsten Tag. Es liegt ein Wummern über dem Hafen. Man hat das Gefühl, als vibriere nicht nur die Luft, sondern auch der Boden und alles dazwischen.

Morgen früh geht meine Fähre nach Ikaria. Grund für meine Reise ist, dass die Insel in der nördlichen Ägäis als eine der fünf *Blue Zones* unserer Erde gilt: Okinawa, Sardinien, die Nikoya-Halbinsel in Costa Rica, Loma Linda in Kalifornien – und Ikaria.

Hier leben überdurchschnittlich viele Menschen, die hundert Jahre alt werden.

Ich habe keine besonderen Termine auf Ikaria geplant. Ich will einfach nur dort sein und spüren, wie sich die Insel anfühlt, auf der so viele Menschen Lust haben, hundert Jahre alt zu werden.

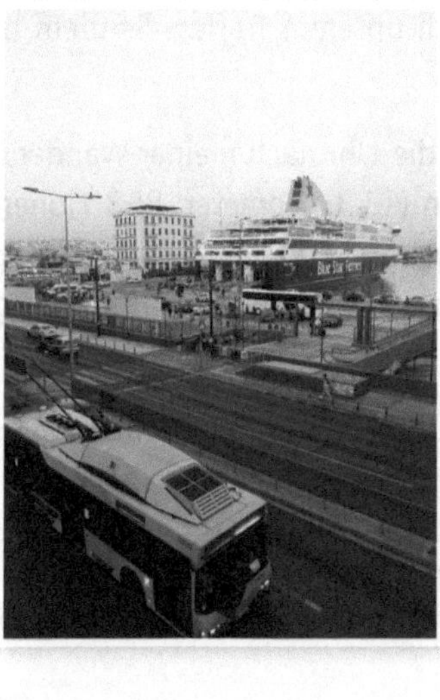

In Piräus bleibe ich für eine Nacht im *Port Hotel*. Das Zimmer ist nicht sehr groß, aber neu. Deckenhohe Spiegel und schwarze, pulverbeschichtete Leuchten. Der Eichenboden ist aus Polyvinylchlorid, die graue Wand mit weißer Maserung sieht aus wie Marmor aus Carrara, ist aber ebenso aus Kunststoff.

Vom Balkon ist das Wasser des Hafenbeckens zu sehen, das in der späten Sonne glitzert, als wäre es aus flüssigem Silber. Der Himmel ist diesig. Die Hitze flirrt über der Stadt.

***

Heute spreche ich noch einmal mit Felix Gottwald. Seit unserem Treffen am Dachstein sind einige Wochen vergangen. Wir wollen uns austauschen, was es zu berichten gibt, von mir, meinem Leben als Sportler und meiner *spielerischen Leichtigkeit*.

Ich mache es mir auf dem Bett in meinem Hotelzimmer bequem. Felix wirkt sehr präsent, obwohl er nur aus dem Laptop guckt. Er gibt mir das Gefühl, wirklich bei mir zu sein. Hellwach und voller Aufmerksamkeit.

»Wie ist es dir ergangen? Was hat sich getan?«, fragt er. Stolz halte ich mein Handgelenk vor die Kamera: »Ich habe meine Pulsuhr abgenommen. Am Abend nach unserem Treffen. Seitdem trage ich sie nur noch beim Sport.«

Tatsächlich habe ich die Uhr nach meiner Wanderung auf den *Jungfrauensteig* am Dachstein (13,3 Kilometer; 853 Höhenmeter; 3:17:42 Stunden) zum ersten Mal seit Monaten dauerhaft abgenommen, sie nicht über Nacht getragen und auch am nächsten Morgen nicht mehr angelegt.

Das Tragen einer Pulsuhr ist für einen ambitionierten Sportler wichtig. Wir brauchen die Uhr, um Signale unseres Körpers zu empfangen, um daraus Daten zu generieren, unser Training zu steuern und unsere Ziele zu erreichen. Wir wollen wissen, woran wir sind.

Die Pulsuhr macht den Fortschritt sichtbar und motiviert uns. Sie ist auch ein aufschlussreicher Kompagnon, wenn man anhand der Schlafdaten beobachten möchte, wie sehr der Genuss von Alkohol unseren Schlaf in Mitleidenschaft zieht. Aber die Uhr bleibt ein Mittel zum Zweck. In meinem Fall hatte das fortlaufende Messen meiner Befindlichkeit dazu geführt, dass ich mir die Freiheit genommen habe, mich einfach nur zu fühlen.

Um meinen Ruhepuls verlässlich im Wochendurchschnitt zu bestimmen, trug ich die Uhr Tag und Nacht. Sieben Tage die Woche. Das hat mir nicht gutgetan.

Nachts bin ich aufgewacht, mit grün und rot blinkenden LED-Lämpchen am Handgelenk, und habe auf die Uhr gesehen. Was sagt die Zeit? 2:37 Uhr. Bleiben mir gute drei Stunden zu schlafen. Kurz den Puls checken: 52 Schläge. Tiefster Puls der vergangenen vier Stunden? 48 Schläge. Oh, das geht besser. Ich sollte jetzt tiefer schlafen, wenn ich gleich weiterschlafe. Passt wenigstens der Energielevel? Gerade mal 46 von 100 Punkten. Ich habe noch einiges zu tun, bis ich aufstehen werde. Ich muss jetzt sofort schlafen. Und das so gut wie möglich.

Nun, drei Wochen später, bin ich noch immer erstaunt, dass ich meine Uhr für so lange Zeit rund um die Uhr getragen habe. Ohne zu realisieren, was für einen Stressfaktor sie für mich darstellt.

Seitdem ich die Uhr nicht mehr trage, scheint sich mein Zeitgefühl entspannt zu haben. Wie ein Muskel, der zur Ruhe findet. Ich habe mehr Zeit, wenn ich sie brauche. Und die Zeit vergeht schneller, wenn sie wegen mir auch mal vergehen kann.

Dort, wo die Uhr an meinem Handgelenk lag, ist eine helle Stelle zu sehen. Sie wird mich noch einige Wochen daran erinnern, mich wieder mehr auf mein Gefühl zu verlassen. Auf die Signale meines Körpers zu achten. Nicht in Zahlen. Sondern wirklich.

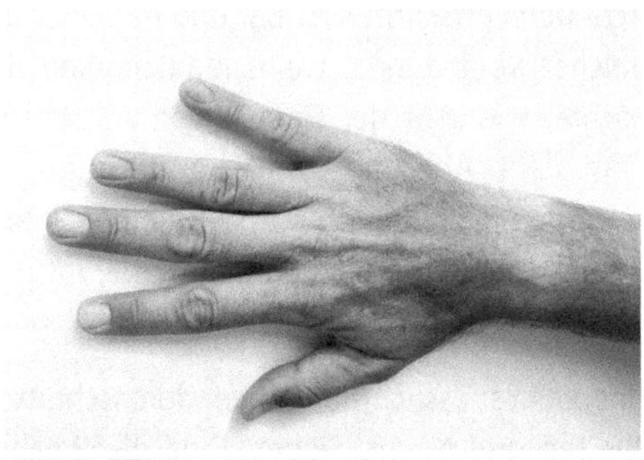

Wenn ich gähne, bin ich müde. Wenn ich meiner Freundin die Schuld daran gebe, dass die Butter leer ist, bin ich müde. Wenn ich finde, dass mein Sohn zu laut spielt, bin ich müde. Ob mein marodes Nervenkostüm dabei mit einem Energielevel von 67 oder 52 bewertet wird, spielt wohl kaum keine Rolle.

Wenn sich die Kopfhaut hinter meinem Ohrläppchen schuppt oder die Haut über meinem Solarplexus juckt, teilt mir mein Körper sein Unbehagen mit. Wenn mein Iliopsoas spannt, bin ich gestresst. Wenn das Ziehen bis in den Rücken ausstrahlt, bin ich sehr gestresst.

Das Gefühl für den eigenen Körper ist eine große Stärke des Alters.

Diese Stärke möchte ich wieder mehr für mich nutzen.

Felix ist anzusehen, dass er sich mit mir über die helle Stelle an meinem Handgelenk freut. Ich erzähle ihm von meinen Erlebnissen am Dachstein, wie sehr ich jeden einzelnen Schritt bei meiner Tour über den *Jungfrauensteig* genossen habe. Und ich berichte ihm, dass ich in den vergangenen Wochen ein deutlich besseres Bewusstsein dafür entwickelt habe, wie sehr ich mich vor mir selbst hergetrieben habe.

Wo mag meine spielerische Leichtigkeit verloren gegangen sein?

Ich bin mir inzwischen sicher, dass ich sie während meiner Zeit im politischen Berlin aus den Augen verloren habe. In den folgenden Jahren habe ich mich mehr und mehr unter Druck gesetzt, vieles erreichen zu wollen, sowohl beruflich wie auch im Sport, und so bin ich ein ziemlicher Profi darin geworden, Druck auf mich auszuüben.

Man wird gut in dem, was man übt.

»Dich selbst unter Druck zu setzen, ist eine deiner großen Stärken«, meint auch Felix. »Du tust es sogar dann, wenn es dafür keinen Grund gibt. Aber ich glaube, du spürst inzwischen, was du da mit dir anstellst. Deshalb hast du eine gute Chance, aus deiner Getriebenheit herauszukommen.«

Ich weiß, dass Felix recht hat. Dennoch reagiere ich zögerlich: »Es gibt viele Momente, in denen ich meinen Tatendrang liebe. Nur durch meinen Antrieb habe ich bis heute vieles erreicht ...«

»Das ist auch völlig in Ordnung«, sagt Felix. »Wir lieben unsere Besessenheit, unsere Hingabe. Für den Sport und unsere Ziele. Es ist unser Leben. Aber gleichzeitig ist es auch vollkommen irrelevant. Deshalb ist es wichtig, dass wir uns immer wieder fragen, worum es uns wirklich geht. Viele Sportler klemmen sich regelrecht zwischen ihren Einheiten ein, und irgendwann gehen sie laufen, weil sie glauben, dass sie laufen gehen müssten. Aber ganz ehrlich: Kein Mensch hat es verdient, laufen zu gehen, ohne Spaß dabei zu haben.«

Das leuchtet mir ein. Trotzdem will und kann ich meine Ambition nicht aufgeben. Ich liebe meine Energie, mich voranzutreiben, mich zu pushen, mich herauszufordern. Ich möchte ein aufregendes Leben führen. Ich möchte Besonderes erreichen. Ich will alles ... nur nicht normal sein.

»Muss ich das Feuer, das in mir brennt, loswerden?«, frage ich.

»Nein«, sagt Felix. »Dein Feuer ist großartig! Du verfügst über ein riesiges Energiepotenzial, das du für dich nutzen kannst. Bei dir habe ich aber eher das Gefühl, dass du komplett in Flammen stehst. Das ist kein Feuer mehr, das ist ein Flächenbrand. Wenn sich Feuer unkontrolliert ausbreitet, entwickelt es eine zerstörerische Kraft, die sich gegen dich wendet.«

Ich beginne, zu verstehen, was Felix mir mitteilen möchte. Wir schweigen einen Moment. Die Gardine vor der Balkontür bewegt sich im Wind. Von draußen ist das Rauschen der Stadt zu hören.

»Versuche, dich auf weniger zu konzentrieren«, sagt Felix schließlich: »Dann wirst du dafür noch viel mehr Energie haben.«

***

Später gehe ich etwas essen. Ein kleines Restaurant mit blauen Stühlen und weißen Papiertischdecken. Ich bestelle Auberginensalat, frische Sardellen in Öl und gegrillten Oktopus mit Kapern. Dazu Brot und ein Bier.

Das Lokal füllt sich mit Griechen. Man begrüßt sich herzlich. Viele der Männer tragen einen Bart, wie man ihn an einem Philosophen erwarten würde, einige Frauen rauchen dünne Zigarillos, die sie stilvoll in der Hand halten. Das Essen ist lecker. Die Sonne ist verschwunden. Bald gehen die Straßenlaternen an.

Die Hitze des Tages zieht sich zurück. Vom Meer her kommt eine angenehme Brise.

Das Gespräch mit Felix hat mir gutgetan. Es hat mich in Aufbruchstimmung versetzt. Inzwischen bin ich zuversichtlich, einen guten Weg zu finden, wie ich in den kommenden Jahren mit mir und meinem Leben umgehen möchte.

Wichtig wird für mich sein, dass ich Klarheit über meine Motive erlange.

Warum muss ich fortwährend zeigen, wie stark ich bin?

Was treibt mich an, mich immer weiter anzutreiben?

Ist es ein Verlangen nach Intensität?

Sind es Geltungsbedürfnis und Eitelkeit?

Auch darüber habe ich mit Felix gesprochen.

Wir alle haben die gleichen Grundbedürfnisse, nach körperlicher Unversehrtheit und Sicherheit, aber auch nach Selbstverwirklichung und Bedeutung.

Das sehe ich bereits an meinem dreijährigen Sohn. Er möchte dazugehören, er sehnt sich nach Anerkennung, deshalb greift er sich den Handbesen und kehrt damit unter dem Esstisch. Er möchte zeigen, dass er hilfreich ist, und wenn ich ihn dafür lobe, dann genießt er das Lob wie einen Schluck Limonade.

Im Laufe unseres Lebens entwickelt unser Grundbedürfnis nach Anerkennung allerdings eine individuelle Eigendynamik. Je nach Charakter, Erziehung, Umfeld und prägenden Ereignissen entwickeln wir einen mitunter zwanghaften Drang, uns zu zeigen und darzustellen.

Wir buckeln unter unserer Erwartungshaltung. Und tragen sie als Last.

Bin ich gut so, wie ich bin?

Oder bin ich wertlos, wenn ich nicht besser werde?

»Wir alle haben diese hinderlichen Glaubenssätze«, sagt Felix. »Sie verleiten uns dazu, die Reise um den Globus anzutreten, obwohl wir uns manchmal nur umdrehen müssten, um den einen Schritt auf uns zuzugehen und bei uns zu sein. Viele Menschen sind fortwährend am Sprinten, ohne zu wissen, wohin sie eigentlich wollen. Aber sie sprinten. Und das nur, um zu gefallen und wertgeschätzt zu werden.«

Wir tun, was wir tun, weil wir geliebt werden wollen. Möchte man mehr Freiheit über sein eigenes Tun gewinnen, dann müsse man sich dem Ungeliebtsein aussetzen. Sich mit seinen Ecken und Kanten nehmen. Sich davon befreien, ständig glänzen zu wollen. Und stattdessen auf authentische Weise mit sich selbst im Reinen zu sein. Das Erstaunliche daran ist, dass man dafür sogar noch mehr geliebt werden wird, als wenn man ständig nur versucht, allen anderen zu gefallen.

»Wir denken, dass wir so viel leisten und erreichen müssten«, sagt Felix. »Aber ist es wirklich unser Auftrag, ständig die Geschwindigkeit zu erhöhen? Die Höhenmeter nach oben zu schrauben? Das Alter ist ein Segen, wenn wir erkennen, dass wir das nicht mehr benötigen.«

***

Der nächste Morgen. Ich steige auf ein Schiff, das mich nach Ikaria bringen wird. Von der Reling des Achterdecks betrachte ich die Szenerie.

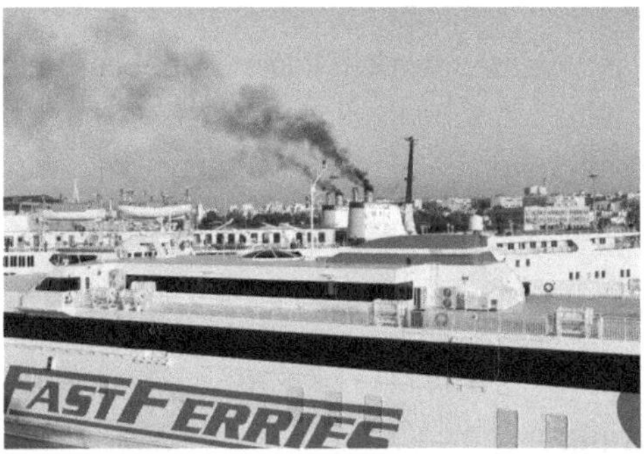

Eine Fähre heißt *Thunder*, eine andere *Worldchampion Jet*. Auf einem Kreuzfahrtschiff steht groß *Beyond* und auf einer besonders schnittigen Fähre lese ich *High4Speed*. Aus den Schornsteinen qualmen Abgase, ziehen in schwarzen Schwaden durch den Hafen.

Die Luft kribbelt in der Nase. Ich muss schlucken, merke, dass ich beim Einatmen das Gesicht verziehe, und irgendwo heult eine Sirene.

Autos stehen in langen Reihen, einige wenden hektisch, weil sie die falsche Reihe erwischt haben. Dazwischen Männer in Uniformen mit Trillerpfeifen, auf denen sie heftig trillern, um das Gekurve in geordneten Bahnen zu halten. An den Kaimauern sind große Flächen mit gelber Farbe und schwarzen Streifen bemalt, damit niemand versehentlich ins Hafenbecken fährt.

Personenkraftwagen, Lieferwagen und Sattelschlepper kommen an. Als Letzter manövriert ein Tanklastwagen rückwärts über die Laderampe in den Bauch unserer Fähre.

Wir legen ab. Das Wasser schäumt und färbt sich jadegrün, ehe es sich hinter uns wieder zurechtstrudelt. Wir passieren den Industriehafen mit seinen Schloten und Krananlagen. Ein gigantisches Containerschiff läuft, von Schleppern begleitet, in den Hafen ein. Weiter draußen im Saronischen Golf liegen Dutzende Tanker und Frachter in Wartestellung.

Das blaue Mittelmeer.

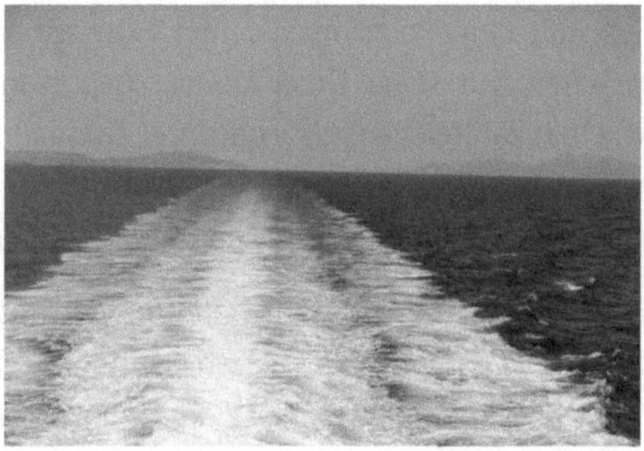

Laut *World Wildlife Fund*, das ist der Verein mit dem Pandabären im Logo, erwärmt sich das Mittelmeer zu 20 Prozent schneller als der Rest der Erde. Jedes Jahr holt der Mensch 1,5 Millionen Tonnen Fisch aus dem Mittelmeer, das damit als das am meisten überfischte Meer der Welt gilt. Nach Berechnungen von Forschern des Griechischen Zentrums für Meeresforschung (HCMR) landen dafür jährlich 17.000 Tonnen Plastikmüll im Mittelmeer, das sieben Prozent des in den Weltmeeren vorhandenen Mikroplastiks enthält, obwohl es nur ein Prozent der Fläche der Weltmeere einnimmt.

Plastik ist aber nicht alles, was hier im Meer landet: Seit 2014 sind im Mittelmeer geschätzte 28.186 Menschen (Stand: 12. Oktober 2023) ertrunken. Dazu findet man auf der Website von *statista* unter der Rubrik *Internationale Länderdaten* ein anschauliches Balkendiagramm[13].

In diesen Tagen liegt der öffentliche Fokus aber vor allem auf der Hitze und den starken Winden, die zahlreiche Waldbrände begünstigt haben. Rhodos brennt. Korfu brennt. Euböa brennt. Sizilien brennt. Algerien, Tunesien und Syrien brennen auch.

Der Juli 2023 war der heißeste seit Beginn unserer Aufzeichnungen.

* * *

Ich habe kürzlich mit dem Polarforscher und Extremsportler Sebastian Copeland gesprochen. Für seine Expeditionen, Reportagen und Dokumentarfilme erhielt er zahlreiche Preise, darunter zweimal den *International Photography Award* (IPA). 2017 wurde er vom *Men's Journal* in die Liste der 25 größten Abenteurer unserer Zeit aufgenommen.

Nächstes Jahr wird Sebastian 60 Jahre alt. Als ich mit ihm spreche, kommt er gerade aus Grönland zurück, wo er rund 650 Kilometer zu Fuß zurückgelegt, seine Ausrüstung auf Schlitten gezogen und getragen hat. Er beschäftigt sich sehr mit seiner abnehmenden Leistungsfähigkeit.

Er sagt: »Ganz ehrlich ... ich kämpfe damit.«

Fünfmal in der Woche trainiere er zwei Stunden im Studio, außerdem spiele er Tennis. Dass seine Muskelmasse zunehmend schwer zu erhalten ist, sei nicht einfach zu akzeptieren. Neben dem rein körperlichen Aspekt beschäftige ihn aber vor allem die mentale Komponente:

»Nicht nur, dass ich damit umgehen muss, schwächer zu werden. Der Verstand ist stark, aber man will sicherstellen, dass man in einem bestimmten Alter nicht an einen Punkt kommt, an dem man sich fragt: Was machst du hier? Was ist der Sinn? Viele Menschen verbringen ihr Leben damit, eine Leiter hochzuklettern, bis sie eines Tages der Frage nachgehen, ob die Leiter vielleicht an der falschen Wand lehnt. Das möchte ich vermeiden.«

Seit mehreren hunderttausend Jahren sei die Menschheit damit beschäftigt, auf diesem Planeten zu überleben. Stark zu sein und dabei auch besser zu sein als andere, liege in unserer Natur. Für viele Sportler mit ihrer ausgeprägten Alpha-Persönlichkeit treffe dies in besonderem Maße zu.

»Es ist unser Überlebensinstinkt, dass wir dieses Feuer in uns tragen. Vor etwa 200 Jahren haben wir festgestellt, wieviel Energie wir aus dem Karbonmolekül gewinnen können. Seitdem erhöhen wir die Qualität unseres Lebens und befeuern es mit immer weiteren Möglichkeiten. Von einer Existenz des Überlebens haben wir uns zu einer exzessiven Existenz gewandelt. Überleben ist und bleibt essenziell, wir trainieren es seit Jahrtausenden. Aber man könnte sagen, dass wir uns gerade in der Schlussphase dieses Workouts befinden: Es schädigt unsere Organe, wir kriegen Krebs davon, unser Herz rast, aber wir hören nicht auf, mehr zu wollen. Wir pumpen uns mit Steroiden voll, damit wir noch mehr Muskeln kriegen, um damit anzugeben. Unser ureigener Trieb, zu überleben, besser und stärker zu sein als andere, scheint außer Kontrolle geraten zu sein. Nun wendet er sich gegen uns. Wir zerstören, was uns erlaubt hat, zu wachsen. Das ist wohl die Ironie unserer menschlichen Existenz.«

Sebastian fotografiert die schmelzenden Polarregionen, um auf die Erderwärmung aufmerksam zu machen. Nur, wenn die Menschen die Natur vor Augen hätten, wenn sie sich in ihre Schönheit verliebten und erfassten, wie fragil sie ist, würden sie einen Grund sehen, all dies zu erhalten. Sonst heiße es beim Abendessen: »Ja, das mit dem Klimawandel ist wirklich schlimm, aber ... kannst du mir bitte mal den Senf reichen?«

In der nächsten Phase der Menschheit, die nun folgen könnte, gehe es darum, zu realisieren, was wir hier tun. Die Balance zwischen Ökosystem und unseren Ansprüchen zu finden. Dem Planeten ermöglichen, uns zu versorgen – ohne so viel davon in Anspruch zu nehmen, dass wichtige Ressourcen zu Ende gehen und nicht mehr erhältlich sind.

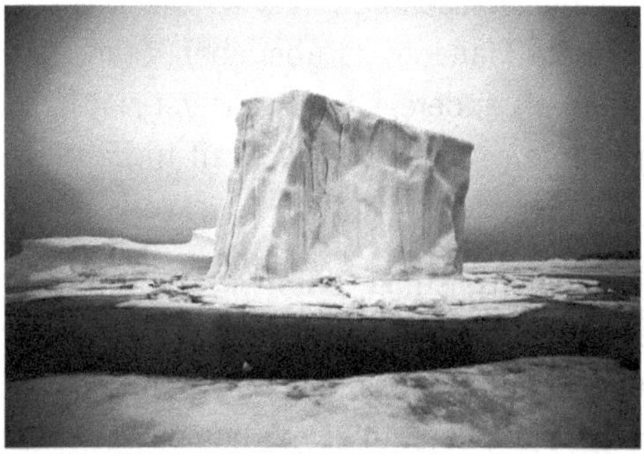

»Wir haben die notwendigen Fähigkeiten«, glaubt Sebastian Copeland, »aber sie kollidieren mit der Gier nach Konsum, Geld und Macht. Unser heutiges Leben ist für viele großartig, und wir lieben es. Das Zeitalter der fossilen Brennstoffe hat uns Wohlstand beschert. Aber die Realität ist, dass es dafür einen Preis zu bezahlen gilt. Die Natur ist stark und gleichzeitig verletzlich. Nicht, dass wir sie verletzen könnten. Aber wir können sie verändern. Und das wird uns verletzen, denn leider sind wir abhängig von ihr. Die Natur hat kein Bewusstsein, keine Empathie, ihr ist egal, ob es eiskalt ist oder schrecklich heiß. Ob es genug Wasser für uns Menschen gibt. Oder eben nicht.«

Und so wird es immer heißer.

Auch deshalb, weil in uns allen dieses Feuer brennt.

***

Der Legende nach flüchtete der im Labyrinth des Minotaurus auf Kreta gefangen gehaltene Dädalus mit seinem Sohn Ikarus über das Meer. Die beiden bastelten sich Flügel aus Federn und Wachs und erhoben sich damit in die Luft.

Dädalus schärfte seinem Sohn ein, nicht zu tief zu fliegen, damit die Flügel durch die Nähe zum Wasser nicht feucht würden, und nicht zu weit der Sonne entgegenzufliegen, damit deren Hitze nicht das Wachs der Flügel schmelzen würde.

Vom Gefühl des Fliegens berauscht, wurde der Junge jedoch übermütig. Er flog zu hoch. Und stürzte vor Ikaria ins Meer, wo ihn sein Vater begrub.

Nähert man sich der Insel Ikaria mit der Fähre von Mykonos kommend, fühlt man sich zunächst an ein goldbraunes Croissant erinnert, das sich da aus dem tiefen Blau erhebt.

Im weiteren Verlauf hat Ikaria dann aber neben sandfarbener Erde und Stein erstaunlich viel Grün zu bieten, das sich gegen die sengende Sonne behauptet.

Der Hafen von Ikaria ist nur eine Mole. Von hier laufe ich über einen unbefestigten Weg und einen Hügel in die nächste Bucht, an deren Ende sich meine Pension befindet.

Ich wusste nicht genau, was mich erwarten würde und bin entzückt: ein wundervoller Ort, mit einfachen, sauberen Zimmern, mit Terrassen, Tischchen und Stühlen, mit Hängematten im Schatten und weitem Blick aufs Meer. Eine Steintreppe führt über die Felsen bis ans klare Wasser.

Der Manager begrüßt mich und sagt: »Was wir hier bieten, ist der Luxus des Einfachen.«

Abends esse ich einen Fisch. Ich bin müde und lege mich bald zu Bett. Über mir kreist ein Deckenventilator. Es ist noch immer sehr warm, und es dauert, bis ich einschlafen kann.

***

Mit dem ersten Tageslicht um kurz vor sechs Uhr beginnen die Zikaden. Als hätte jemand einen Schalter betätigt. Im Laufe des Tages steigert sich die Geräuschkulisse dann mit zunehmender Temperatur immer weiter. Es müssen Hunderte sein, die sich in den Bäumen und Sträuchern verteilt haben. Den Lärm fabrizieren Zikaden mit ihren kleinen Muskeln, die ein Schallorgan am Hinterleib zum Schwingen bringen, was dem Anlocken paarungsbereiter Weibchen dient.

Ich sitze auf der Terrasse, blicke ins Blaue und schreibe. Später springe ich ins Meer, mache ein Nickerchen und möchte laufen gehen, aber dafür brennt mir die Sonne zu heftig vom Himmel. Ich frage mich, ob schon bald die Zeit kommen wird, in der wir während der Sommermonate nur noch im Morgengrauen und nach Sonnenuntergang im Freien Sport treiben werden. Vielleicht treffen wir uns auch zum Walken in klimatisierten Einkaufszentren, so wie man das in Katar & Co. praktiziert.

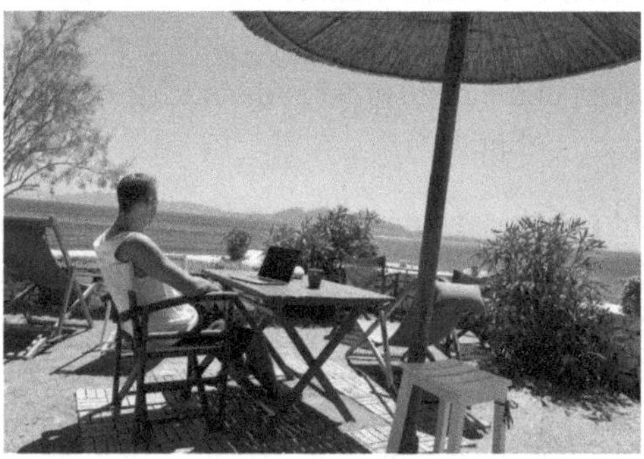

Heute ist ein Fest.

Auf Ikaria gibt es 14.000 Ziegen, das sind zu viele, daher werden einige von ihnen bei gegebenem Anlass geschlachtet und gegessen, um damit Geld zu erlösen, mit dem das Teeren von Straßen finanziert wird. So wird es mir mit einem Augenzwinkern erklärt.

Der eigentliche Anlass einer solchen *Panagiri* ist der Tag des Namensheiligen einer Gemeinde, die ihm zu Ehren ein Fest veranstaltet.

Alle Generationen sind involviert. Die Alten kommen bei Sonnenuntergang, begleitet von ihren Kindern, und wenn die Urenkel längst im Bettchen liegen, kommen so langsam die jugendlichen Enkel, um bis tief in die Nacht oder sogar bis Sonnenaufgang zu bleiben.

Es wird lauter und lauter, vielen der Älteren ist anzusehen, dass sie die Unterhaltungen kaum noch verstehen, aber das ist nicht so wichtig, sie sind dabei und mittendrin und wippen mit dem Fuß.

Die Menschen sind zusammen, sie essen und trinken, tanzen Arm in Arm zu traditioneller Musik. Es soll einer der Gründe sein, warum hier auf Ikaria so viele Menschen so alt werden.

Sie haben Freude daran.

Das Leben auf Ikaria ist angenehm einfach. Der Bus zur *Panagiri* fährt um acht. Der Bus zum Hafen nach Evlidos um eins. Die Fähre nach Samos um halb drei. In Deutschland fährt ein Zug um 11:56 Uhr ab und kommt um 12:43 Uhr an. Das beunruhigt einen schon beim Lesen.

Ich muss pünktlich sein, und wenn ich dann pünktlich bin und der Zug ist es nicht, habe ich eine ziemlich gute Gelegenheit, mich darüber zu ärgern.

Schiefe Uhrzeiten sind keine schöne Sache. Ich habe das mal mit meinem Wecker durchgespielt: Statt ihn morgens um sechs Uhr klingeln zu lassen, habe ich ihn testweise auf 6:03 Uhr gestellt. Das hat mir nicht gefallen. Obwohl ich drei Minuten länger schlafen konnte, habe ich mich damit deutlich unwohler gefühlt und den Wecker am nächsten Tag wieder auf 6:00 Uhr gestellt.

In der *Blue Zone* Ikaria werden auffällig selten Zivilisationskrankheiten wie Alzheimer oder Krebs festgestellt. Die Menschen essen viel Gemüse, sie nehmen hochwertiges Olivenöl zu sich, sie sind bis ins hohe Alter in der Landwirtschaft aktiv, sie nehmen sich Zeit und lassen sich nicht stressen. Hier versucht niemand, beim Tomatengießen eine neue Bestzeit aufzustellen. Die alten Menschen fühlen sich gebraucht und sind sozial gut eingebunden. Das erhält ihre Lebensfreude, und es gibt ihrem Leben auch in den späten Jahren einen Sinn. Für eine Extraportion Sorglosigkeit gibt es ein Gläschen Wein dazu, und schon wird man schnell mal hundert Jahre alt.

***

Will ich hundert Jahre alt werden? Vielleicht sollte ich mich erst einmal fragen, in welcher Welt ich alt werden möchte. Und in welcher Welt mein kleiner Sohn eines Tages alt werden wird.

Ich sitze in meiner Pension auf der Terrasse. Unten rauscht das Meer. Oben weht der Wind durch die Bäume. Der Mond scheint weiß aufs schwarze Wasser.

Die anderen Gäste sind bis weit nach Mitternacht auf der *Panagiri*, wo sie Ziegen essen, tanzen und trinken. Mir passt das gut. Ich möchte heute meine Ruhe haben.

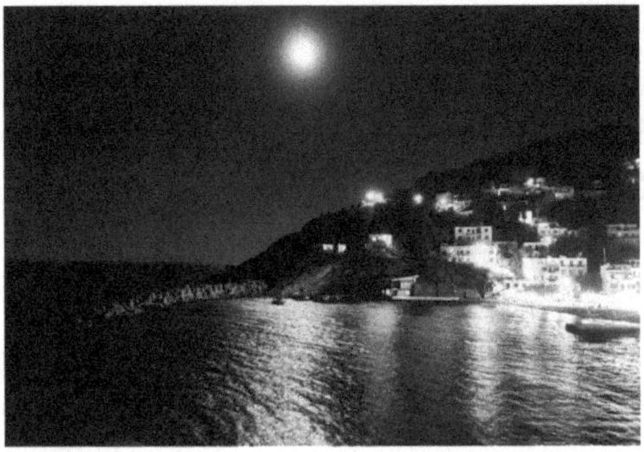

»Ich denke, dass wir den Sport mehr denn je benötigen, um als Gesellschaft eine gemeinsame Zukunft zu haben«, hat mir Sebastian Copeland gesagt: »Weil uns der Sport die Möglichkeit gibt, uns zu vergleichen, unsere Stärke zu zeigen ... und auszuleben, was wir sind.«

Dieser Gedanke beschäftigt mich.

Es macht Spaß, sich zu messen. Es liegt in meiner Natur. Ich will das, und vielleicht brauche ich es auch. Gleichzeitig ist es vollkommen unbedeutend, was ich hier tue.

Wir wollen mehr, und wir wollen es zeigen, wenn wir es haben. Wir wollen uns selbst übertreffen und besser sein als die anderen, ob als Menschen in Bürokomplexen, als Athleten auf der Bahn oder Gorillas im Nebel. Irgendwann fliegt der Kivusee in die Luft oder der Nyiragongo bricht aus oder das Mittelmeer brodelt, und dann wird der Passat die Asche in der Atmosphäre verteilen, aber so lange mache ich hier erst einmal weiter. Vergangene Woche habe ich meinen *VO2max* von 53 auf 54 erhöht. Ich fürchte nur, auf dem Beteigeuze interessiert das am Ende kein Schwein.

Was bedeutet das für meinen Weg als Sportler?

Ich denke, dass ich Sport treibe, weil ich leben möchte. Für die Zukunft nehme ich mir deshalb vor, weniger nach Bestzeiten zu streben. Als vielmehr nach besten Zeiten.

12 ALLES WIRD GUT

Ein Dixiklo am Wörthersee.

Die Nachmittagssonne drückt, als wollte sie die Plastikhülle schmelzen, die in ihrem Inneren diese einzigartige Atmosphäre schafft. Kleine blaue Welt. Heiß und stickig. Kein Ort, an dem man zu lange verweilen möchte. Dennoch bleibe ich minutenlang sitzen. Ich fühle mich beseelt.

Es war im Juni 2016, als ich beim Ironman® Austria in Klagenfurt am Wörthersee meine erste Triathlon-Langdistanz absolvierte. Ich war 3,8 Kilometer geschwommen und 180 Kilometer auf dem Rad gefahren. Nun saß ich in der Wechselzone auf dem Dixi. Ich hatte zwar einen Marathon vor der Brust und wusste, dass es ein unerfreulicher Nachmittag werden würde. Aber ich würde nur noch laufen müssen. Oder gehen. Oder kriechen. Was auch kommen mochte: Ich wusste, dass ich es geschafft hatte. Ich wusste, dass ich an diesem Abend als »Ironman« ins Bett gehen würde.

Die Minuten auf dem Dixiklo am Wörthersee zählen zu den emotional schönsten Eindrücken, an die ich mich im Rahmen eines Sportwettkampfs erinnern kann. Ohne Witz.

***

Es ist kurz nach fünf Uhr morgens. Die Stadt schläft noch. Es regnet seit Stunden, und als ich vor dem Hotel auf die Straße trete, spiegelt sich das Licht der Laternen in meterlangen Pfützen. Der Himmel ist schwarz. Der Wind bläst vom Meer kommend, aber es ist ein milder Wind, der mich nicht frösteln lässt, sondern in den Tag begleitet, als wolle er mich voranschieben.

27. August 2023 – heute starte ich bei der Ironman® 70.3-Weltmeisterschaft.

Mehr als 6.000 Teilnehmer aus 115 Ländern kommen in Lahti zusammen. Mehr als die Kleinstadt an Übernachtungsgästen aufzunehmen vermag. Deshalb habe ich mit meiner kleinen Familie in Helsinki Quartier bezogen.

Die meisten der Ampeln sind noch ausgeschaltet. Der Asphalt glänzt nass. Durch die Stadt geht es zügig voran, nur einige Taxis sind unterwegs. Es regnet nicht stark, aber die Scheibenwischer haben gut zu tun, um die Regentropfen beiseitezuschieben. Ich mache Musik, um mich in Stimmung für diesen, meinen Tag zu bringen, schalte sie aber gleich wieder aus. Die Stille ist schöner.

Die Sitzheizung wärmt mich. Es geht auf die Schnellstraße M4, die mehr als 1.000 Kilometer von Helsinki bis hoch nach Utsjoki in Lappland führt. Bis Lahti sind es 100 Kilometer, ich werde eine gute Stunde unterwegs sein. Von Osten mischt sich das erste Tageslicht ins Ende der Nacht. Es hört auf zu regnen und über den Wäldern geht die Sonne auf.

Ich bin aufgeregt. Ich weiß, dass ich mich anstrengen werde, dass die Anstrengung meinen Körper in Beschlag nehmen wird. Für einen Moment drifte ich ab in die Fragestellung, warum das sein muss, warum ich jetzt nicht im großen, weichen Hotelbett liege, die Kuschelwärme meiner Freundin und meines Sohnes spüre. Stattdessen muss ich in einem Gummianzug in einen nachtkalten See springen, um mit anderen Gummimenschen um die Wette zu schwimmen.

Aber ... ich muss das nicht. Ich möchte es. Ich habe sogar dafür bezahlt, es tun zu dürfen. Ich halte mir vor Augen, dass ich mich glücklich schätzen darf, die Gesundheit und den Tatendurst zu haben, mir heute diesen Tag zu bescheren.

***

Die Profis starten um 7:30 Uhr. Einige der Superstars der Szene sind am Start, der Norweger Kristian Blummenfelt oder der US-Amerikaner Sam Long. Gewinnen werden heute allerdings drei Deutsche: Rico Bogen vor Frederic Funk und Jan Stratmann. Eine kleine Sensation.

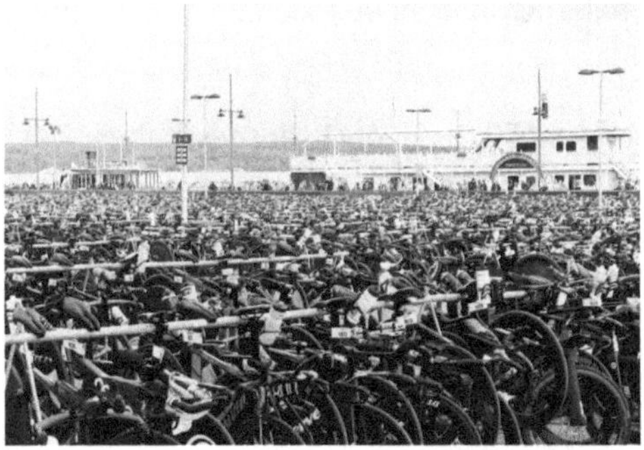

Da meine Altersklasse M45-50 erst um 9:46 Uhr in den See springt, habe ich ausreichend Zeit, über die Masse an Rädern in der Wechselzone zu staunen, Pläuschchen mit anderen Athleten zu halten und mir vom Ufer aus anzusehen, wie die Profis an der Sibeliushalle aus dem Wasser steigen, um ihre Räder zu packen und davonzustürmen.

Ich begebe mich in Richtung Schwimmstart. Die Außentemperatur beträgt 15 Grad Celsius, der See hat nach Angaben des Sprechers 18,9 Grad. Über dem Hügel mit den Skisprungschanzen von Lahti ziehen dunkle Wolken auf. Die Regenfront aus Helsinki ist da und beginnt, den glatten See zu kabbeln.

Triathleten, die in ihre Anzüge robben. Frauen von Triathleten, die große Luftpumpen tragen. Kinder von Triathleten, die Rucksäcke ihrer Väter schultern.

Aufgeregte Mienen, gespannte Mienen, gelöste Mienen. Es ist ein buntes Treiben.

Mittendrin treffe ich Filippo und Tony, die ich vor einem Jahr beim Triathlon in Rwanda kennengelernt habe. Es ist ein herzliches Wiedersehen. Gemeinsam machen wir uns bereit, marschieren im dichten Gedränge der Athleten unserer Altersklasse auf den Steg, von dem wir schließlich per Sprung ins Rennen starten.

Ich hatte Angst, nervös zu sein. Erstaunlicherweise bin ich es nicht. Ich finde direkt in meinen Rhythmus, es kommt zu den üblichen Kollisionen mit anderen Schwimmern, aber ich kann die 1,9 Kilometer ohne Probleme absolvieren, steige nach 34 Minuten aus dem Wasser.

Inzwischen regnet es. Ich bin kein guter Radfahrer, und das werde ich auch nicht mehr. Ich bin es gewohnt, überholt zu werden. Das ist auch heute so. Beim Laufen lasse ich es in der ersten Runde etwas langsamer angehen. Nach der gebückten Haltung im Sattel hat sich mein Iliacus gemeldet, in der Lende und links im Rücken.

Die Laufstrecke führt ein paar Kilometer bergauf, dann mit ordentlich Gefälle bergab. Das staucht. Ich habe Bedenken, dass der Muskel zumachen könnte. Die Schmerzen lösen sich aber nach einer guten halben Stunde auf, und ich kann in der zweiten Runde beschleunigen.

***

Ich trage heute keine Uhr.

Und ich genieße es die ganze Zeit.

Weder nach dem Schwimmen noch auf dem Rad und auch jetzt nicht beim Laufen habe ich eine Ahnung, mit welcher Pace ich unterwegs bin.

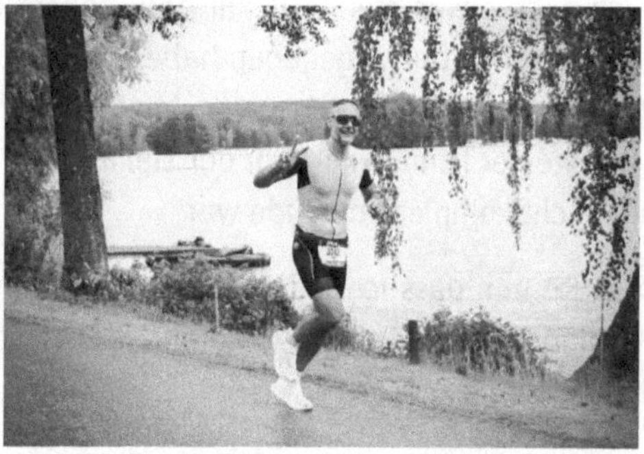

Die Gewohnheit hat mich immer wieder auf mein Handgelenk blicken lassen. Jedes Mal dachte ich mir: »Ach, wie schön ... ich trage ja keine Uhr.«

Die Idee war, dass ich mich heute nicht hetzen lasse. Dass ich mich voll und ganz darauf fokussiere, den Tag zu erleben. Das Blubbern im Wasser. Die wackligen Beine, auf den Stufen aus dem See. Die klatschenden Hände der Zuschauer. Die brennenden Oberschenkel auf dem Fahrrad. Den Wind, der gegen den Helm pfeift. Den Boden unter meinen Füßen. Mein Zwerchfell, das sich dehnt und entspannt. Meine Brust, die sich hebt und senkt.

Das Leben um mich herum.

Und das Leben in mir.

Wenige Meter vor der Ziellinie erkenne ich meine Freundin und meinen Sohn. Als er mich sieht, glänzen seine Augen so sehr, dass ich es nie wieder vergessen werde. Ich bleibe bei den beiden stehen und schließe sie in die Arme, ehe ich die letzten Meter über den Teppich laufe.

Hier die Zahlen: Schwimmen 34:46 Minuten; Radfahren 2:43:09 Stunden; Laufen 1:45:16 Stunden; Gesamtzeit 5:15:43 Stunden; Altersklassenplatz 362 von 534, Overall 2.492 von 3.935.

Was zählt wirklich? – Ich weiß es nicht.

Ich weiß, dass ich noch etwas mehr aus mir herausquetschen hätte können. Ich weiß, dass ich nicht alles gegeben habe. Ich weiß, dass ich nicht weiß, ob das die richtige Entscheidung war. Aber ich weiß, dass es das innige Treffen mit meiner Familie kurz vor der Ziellinie nur geben konnte, weil ich am Ende nicht komplett am Ende war.

Felix Gottwald sagte mir, dass ich jedem Wettkampf die Chance geben sollte, auf die Collage meines Lebens zu kommen. Das ist mir heute gelungen. Ich habe gewonnen.

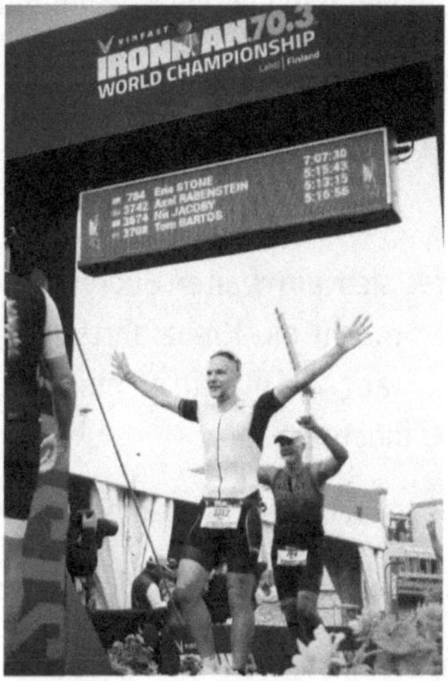

***

In der Hotelsauna sitzen drei Männer. Einer hält ein schreiendes Kleinkind im Arm. Einer nippt an einer Dose Lagerbier. Einer erzählt irgendwas auf Finnisch.

Für einen Moment denke ich, etwas sagen zu müssen, so in der Art, ob man es für eine gute Idee halte, biertrinkend ein Kleinkind in einen 90 Grad heißen Holzkasten zu tragen, aber dann denke ich mir, dass hier drei Finnen in einer finnischen Sauna sitzen, und deshalb vielleicht mehr Erfahrung in Sachen finnischer Sauna haben ... als ich.

Der Finne mit dem Kleinkind erklärt, dass er seinen Sohn, der eineinhalb Jahre alt ist, so früh wie möglich an die Sauna gewöhnen möchte. Inzwischen hat der Kleine aufgehört zu schreien und sieht mich neugierig an. Der Finne mit dem Bier erklärt, dass er das Bier nur aus Gewohnheit trinke, da er gerne Bier über den Ofen schütte, wenn er zu Hause in der Sauna sitze, dies jedoch unterlasse, wenn er sich in einer öffentlichen Hotelsauna befinde, weil nicht jeder das Aroma schätze.

Nach fünfzehn Minuten verlasse ich schweißtriefend die Sauna.

Die drei Finnen und das Kleinkind bleiben.

***

Von der Terrasse bietet sich ein weiter Blick über das Hafenviertel von Helsinki. Weiter hinten macht ein Kreuzfahrtschiff fest. Der Abend liegt in Blautönen über der Stadt. Ich mache es mir auf einer Bank gemütlich. Hier sitze ich nun. Und möchte was?

Ich will stark sein. Aber gleichzeitig geschmeidiger werden.

Ich will meine Komfortzone verlassen. Aber häufiger zur Ruhe finden.

Ich will für etwas brennen. Aber bitte nicht für alles.

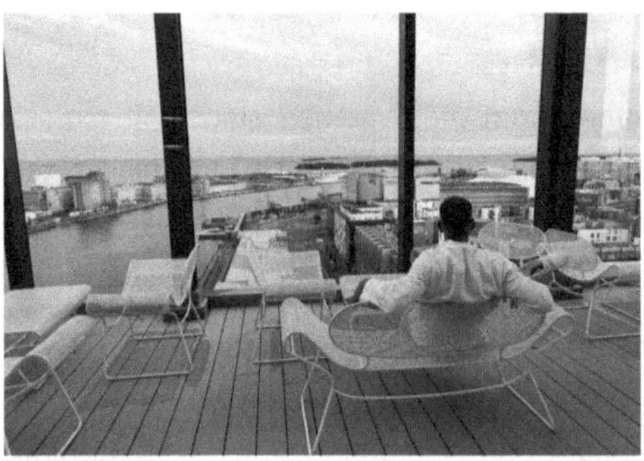

Was will ich definitiv nicht?

Ich möchte mich niemals unwohl in meinem Körper fühlen. Ich möchte nicht im zweiten Stock unseres Treppenhauses außer Puste sein. Ich möchte meinem Sohn nicht sagen, dass sein Daddy zu alt dafür ist, mit ihm rumzutoben. Ich möchte meinem Körper nicht das Gefühl geben, dass ich ihn gegen seinen Willen herumkommandiere. Ich will weniger schnellschnell machen; und ich möchte niemals die Liebe zum Sport verlieren.

Um dies zu erreichen, habe ich folgende Punkte für mich formuliert. Maßnahmen, Gewohnheiten und Verhaltensweisen, die ich in den kommenden Monaten und Jahren in meinem Leben implementieren möchte.

- Ich stemme Gewichte. Das habe ich nie besonders gerne gemacht, aber ich weiß nun, dass es mir dabei helfen wird, stark zu sein, meine Muskulatur, meine Knochen, meine Sehnen fit für die Zukunft zu machen. Durch die Anmeldung im Fitnessstudio kann ich regelmäßig in die Sauna gehen. Vielleicht auch mal mit Bier.
- Ich betreibe weiterhin Ausdauersport. Aber nicht, weil ich denke, ich müsste es tun. Sondern nur, weil ich es möchte. Ich genieße den Weg. In meiner Geschwindigkeit. Der Zugewinn an Qualität, in dem was ich tue, ist ein großer Mehrwert des Alters. Gleichzeitig verlangsamt dies meinen Alterungsprozess.
- Ich esse besser. Verstärkt achte ich auf die Aufnahme von hochwertigem Protein, auch aus tierischen Quellen. Ich werde wieder öfter in eine Karotte oder einen Apfel oder eine Banane beißen, frische Lebensmittel bevorzugen und nicht bis zum Völlegefühl essen, nur damit der Kellner einen leeren Teller abräumen kann.
- Ich dusche kalt. Die Überwindung ist erst einmal groß. Man prustet, lässt es ein paar Sekunden über sich ergehen, dreht ab und flieht aus der Dusche. Aber es soll sich wirklich lohnen, ich habe nur Gutes darüber gehört. Ich werde meine Zeit unter der kalten Dusche kontinuierlich steigern. Fünf Minuten sind das Ziel.
- Ich dehne meinen Körper. Zuletzt bin ich extrem steif und verhärtet geworden. Ich werde auf Basis der Meridiandehnung ein Programm an Übungen für mich zusammenstellen. Dabei lobe ich die außergewöhnliche Flexibilität meines Körpers als sportliches Ziel aus. So erhält das Dehnen den für mich so wichtigen kompetitiven Charakter.

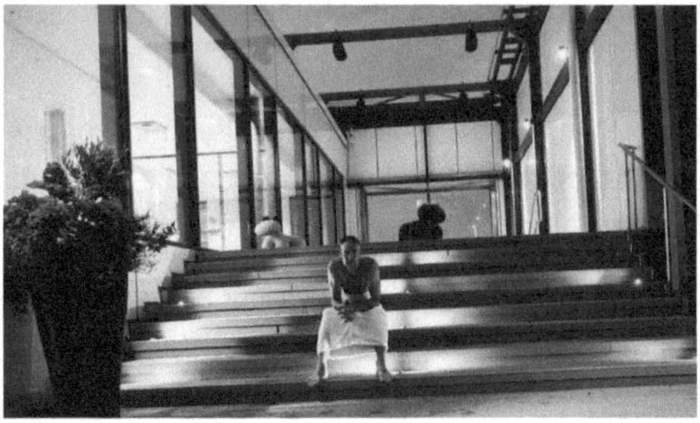

- Ich genieße die Muße. So oft ich beschleunige, so oft versuche ich auch, wieder zu entschleunigen. Wenn ich merke, dass ich ins Hetzen gerate, bewege ich mich absichtlich für einige Minuten in Zeitlupe. Den Fersenstand integriere ich in meine Tage. Zudem möchte ich lernen, zu meditieren, und regelmäßig einen Bodyscan durchführen.
- Ich schlafe mehr. Sobald ich merke, dass ich gereizt bin, werde ich mir die Zeit nehmen, mir meinen Schlaf zu holen. Ohne Kompromisse. Ich weiß, dass ich wenigstens acht Stunden Schlaf am Tag brauche. Da ich gerne früh aufstehe und nicht immer früh ins Bett gehen möchte, wird eine erholsame Mittagsruhe zur Institution.
- Ich übe mich in Präsenz. Ich werde versuchen, Zufriedenheit zu kultivieren, weniger oft darüber nachzudenken, wohin ich möchte, als vielmehr dort zu sein, wo ich bin. Ich will noch öfter die Magie der kleinen Momente entdecken, und sei es nur ein kurzer Spaziergang unter einem Regenschirm, auf den der Regen prasselt.
- Ich ärgere mich weniger. Das Wort sagt ja schon alles: Man ärgert *sich*. Das habe ich nicht verdient. Stattdessen hole ich meine spielerische Leichtigkeit zurück ins Boot. Auch wenn ich mich immer wieder über andere Menschen wundern werde, soll es mein Ziel sein, noch viel mehr Freude und positive Energie in die Welt zu entladen.

- Ich schmiede Pläne. Natürlich mache ich das! Ich möchte aber nicht trainieren *müssen* und werde es ruhig angehen lassen. Es zieht mich in die Berge, ein Trailrun könnte mir gefallen. Und es gibt da einen Ultramarathon auf La Réunion: 165 Kilometer und 10.000 Höhenmeter sind auf der »Diagonale des Fous« zu bewältigen, der »Diagonale der Verrückten«. – Aber vielleicht ist das auch einfach nur eine dumme Idee.

Wann sollte ich mit alldem beginnen? Am besten heute.

Zum Aufschieben bin ich langsam zu alt.

***

Bin ich traurig? Ja, das bin ich.

Natürlich habe ich es geliebt, ohne Rücksicht auf Verluste aufs Ganze zu gehen. Und darüber hinaus. Alles zu geben, ohne darüber nachzudenken, was morgen ist. Aber so kann es nicht mehr weitergehen. Es ist an der Zeit für ein neues Kapitel.

Hat was von Abschied.

Gleichzeitig spüre ich Aufbruch.

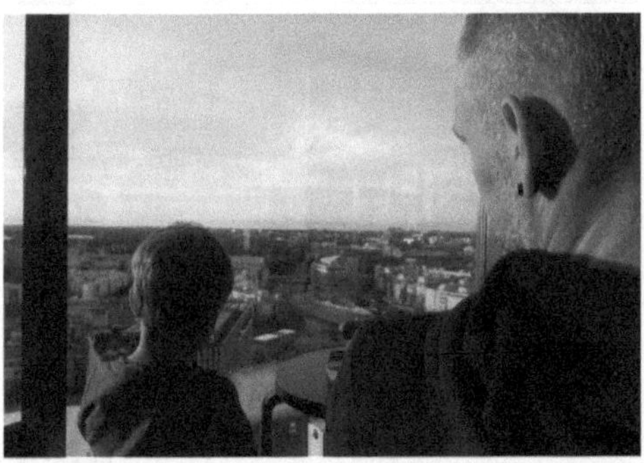

Ich beobachte meinen Sohn. Er spielt mit einem Strohhalm. In jungen Jahren sind wir dort, wo wir sind. Später blicken wir voller Pläne und Erwartungen nach vorne. Es kommt die Zeit, in der wir uns erinnern und weiterhasten und zusehen müssen, dass wir uns nicht selbst zwischen Vergangenheit und Zukunft aufreiben. Zwischen dem, was war ... und dem, was kommen soll.

Der kleine Mann ist ganz im Moment.

Ich denke, es ist der beste Ort, an dem wir sein können.

Anhang

1 LITERATURLISTE

1 Baumgartner, S.; Älterwerden aus der Perspektive der Sportlerin. J. Gynäkol. Endokrinol. CH24, 104–107 (2021). https://doi.org/10.1007/s41975-021-00204-0

2 Pedro Sousa-Victor, Laura García-Prat, Antonio L. Serrano, Eusebio Perdiguero, Pura Muñoz-Cánoves, Muscle stem cell aging: regulation and rejuvenation, Trends in Endocrinology & Metabolism, Volume 26, Issue 6, 2015, Pages 287-296, ISSN 1043-2760. https://doi.org/10.1016/j.tem.2015.03.006

3 Lex B Verdijk, René Koopman, Gert Schaart, Kenneth Meijer, Hans H C M Savelberg, Luc J C van Loon; Satellite cell content is specifically reduced in type II skeletal muscle fibers in the elderly; Dept. of Movement Sciences, Faculty of Health Sciences, Maastricht University, PMID: 16926381. https://doi.org/10.1152/ajpendo.00278.2006

4 Leyk D, Rüther T, Wunderlich M, et al.: Physical performance in middle age and old age: good news for our sedentary and aging society. Dtsch Arztebl Int 2010; 107(46): 80916. DOI: 10.3238/arztebl.2010.0809

5 Pelka, M., Kölling, S., Ferrauti, A., Meyer, T., Pfeiffer, M., & Kellmann, M. (2017). Acute effects of psychological relaxation techniques between two physical tasks. Journal of Sports Sciences, 35, 216–223. https://doi.org/10.1080/02640414.2016.11 61208

6 Tim Meyer, Alexander Ferrauti, Michael Kellmann, Mark Pfeiffer; Regenerationsmanagement im Spitzensport REGman – Ergebnisse und Handlungsempfehlungen; Herausgeber: Bundesinstitut für Sportwissenschaft; Sportverlag Strauß, ISBN 978-3-86884-589-1. https://www.bisp.de/DE/Home/Shiny_Projects/REGman.html

7 Daniel Erlacher; »Sport und Schlaf – Angewandte Schlafforschung für die Sportwissenschaft«; Springer-Verlag GmbH Deutschland 2019; ISBN 978-3-662-58131-5

8 Eccles, D. W., & Kazmier, A. (2019). The psychology of rest in athletes: An empirical study and initial model. Psychology of Sport and Exercise, 44, 90–98. https://doi.org/10.1016/j.psychs- port.2019.05.007

9 Deutsche Apotheker Zeitung Online (DAZ online); »Basenprodukte machen mich sauer«; 22.03.2021, 07:00 Uhr. https://www.deutsche-apotheker-zeitung.de/news/artikel/2021/03/22/basenprodukte-machen-mich-sauer

10 Krupp, Danika et al.: Dietary Acid Load and Potassium Intake Associate with Blood Pressure and Hypertension Prevalence in a Representative Sample of the German Adult Population (Nutrients, 2018). https://www.mdpi.com/2072-6643/10/1/103

11 Esche J et al (2016). Higher diet-dependent renal acid load associates with higher glucocorticoid secretion and potentially bioactive free glucocorticoids in healthy children. Kidney Int. 2016 May 7, doi: 10.1016/j.kint.2016.02.033. https://pubmed.ncbi.nlm.nih.gov/27165611/

12 Moritz Brandt, Venkata Garlapati, Matthias Oelze, Efthymios Sotiriou, Maike Knorr, Swenja Kröller-Schön, Sabine Kossmann, Tanja Schönfelder, Henning Morawietz, Eberhard Schulz, Heinz-Peter Schultheiss, Andreas Daiber, Thomas Münzel & Philip Wenzel; „NOX2 amplifies acetaldehydemediated cardiomyocyte mitochondrial dysfunction in alcoholic cardiomyopathy", Sci Rep. 2016 Sep 14;6:32554. DOI: 10.1038/srep32554. https://www.unimedizin-mainz.de/presse/pressemitteilungen/aktuellemitteilungen/newsdetail/article/wie-alkoholmissbrauch-den-herzmuskel-irreparabel-schaedigt.html

13 Statista GmbH; »Geschätzte Anzahl der im Mittelmeer ertrunkenen Flüchtlinge in den Jahren von 2014 bis 2023«; Stand: 12. Oktober 2023. https://de.statista.com/statistik/daten/studie/892249/umfrage/im-mittelmeer-ertrunkenen-fluechtlinge/

2 BILDNACHWEIS

Kapitel 1

Rwandair	© Axel Rabenstein
Kivusee	© Axel Rabenstein
IM Bike	© FinisherPix / Ironman® 70.3 Rwanda
IM Medal	© Axel Rabenstein
Victoriasee	© Axel Rabenstein

Kapitel 2

Viva Essen	© Axel Rabenstein
Ausriss Zeugnis	© Axel Rabenstein
Viva Massage	© Thomas Polzer / SPORTaktiv Magazin
Viva Sport	© Thomas Polzer / SPORTaktiv Magazin
Viva Relax	© Thomas Polzer / SPORTaktiv Magazin

Kapitel 3

Teide Tour	© Garmin Connect / Axel Rabenstein
Teide Landscape	© Axel Rabenstein
Montaña Roja	© Axel Rabenstein

Kapitel 4

Rhein in Köln	© Peter Hahne
Prof. Froböse	© Deutsche Sporthochschule, Köln / Axel Rabenstein

Kapitel 5

Axel auf Sofa	© Axel Rabenstein
Regmanstudie	© REGman Studie / Bundesinstitut für Sportwissenschaft

Kapitel 6

Limone 1	© Axel Rabenstein
Limone 2	© Axel Rabenstein

Kapitel 7

Ohnewitz	© Axel Rabenstein
Tempel	© Axel Rabenstein
Master Shi	© Shaolin-Tempel Deutschland

Kapitel 8

Surf	© Axel Rabenstein
New Balance	© Finish Line
Tannheim	© Axel Rabenstein
Buddha	© uvex / Axel Rabenstein

Kapitel 9

Ironman	© FinisherPix / Ironman® Lanzarote
Dachstein	© Axel Rabenstein
Pferd	© Axel Rabenstein

Kapitel 10

Timothy Olson	European Outdoor Film Tour (EOFT 2022 / The Mirage)
Ivica Kostelić	© Ivica Kostelić
Robby Naish	© The Longest Wave; Juan de Heeckereen / Red Bull Content Pool
Hanspeter Eisendle	© Salewa / Hanspeter Eisendle
Mark Allen	© Mark Allen Sports

Kapitel 11

Piräus	© Axel Rabenstein
Hand	© Axel Rabenstein
Hafen	© Axel Rabenstein
Mittelmeer	© Axel Rabenstein
Ice cube	© Sebastian Copeland
Schreiben	© Jana Kaiser
Therma	© Axel Rabenstein

Kapitel 12

Bikezone	© Axel Rabenstein
Run	© FinisherPix / Ironman 70.3 World Championship 2023 Lahti
Finish	© FinisherPix / Ironman 70.3 World Championship 2023 Lahti
Sauna	© Axel Rabenstein
Pool	© Axel Rabenstein
Moment	@ Sara Hausner

Coverbild: © AdobeStock

Autorenbild: © Alexander Stertzik

Cover- und Umschlaggestaltung: Isabella Frangenberg

Layout: Isabella Frangenberg

Satz: Zerosoft

Lektorat: Dr. Irmgard Jaeger, Riccardo Rip

Abonnieren Sie unseren kostenlosen Newsletter unter **www.dersportverlag.de**

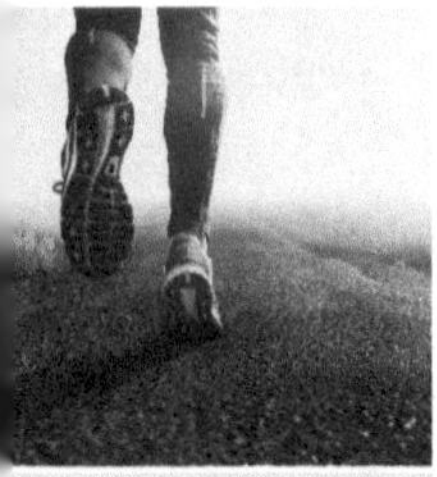

WEITERE TITEL

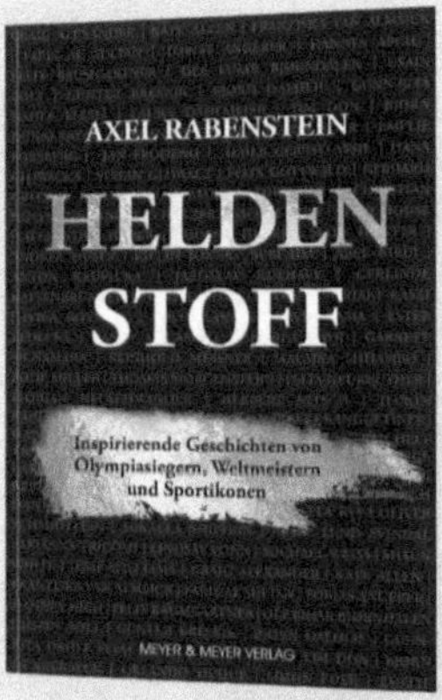

HELDENSTOFF

ISBN 978-3-8403-7765-5

€ [D] 18,00/[A] 18,50

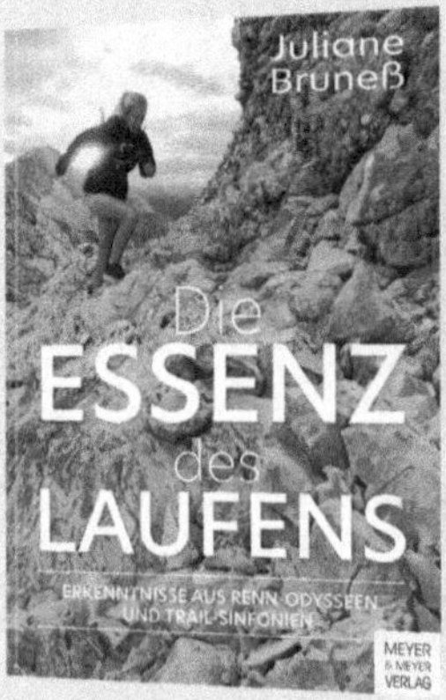

DIE ESSENZ DES LAUFENS

ISBN 978-3-8403-7810-2

€ [D] ca. 22,00/[A] ca. 22,70

Preisänderungen vorbehalten und Preisangaben ohne Gewähr! Bild oben links © AdobeStock

MEYER & MEYER VERLAG

MEYER & MEYER Verlag
Von-Coels-Str. 390
52080 Aachen

Telefon	02 41 - 9 58 10 - 25
Fax	02 41 - 9 58 10 - 10
E-Mail	vertrieb@m-m-sports.com
Website	www.dersportverlag.de